MW00647337

The Dhatu Katha Pakarana: And Its Commentary

Edmund Rowland Gooneratne

Pali Text Society.

THE DHĀTU KATHĀ PAKARAṆA

AND ITS COMMENTARY

EDITED BY

EDMUND ROWLAND GOONERATNE,

MUDALIYAR OF THE GOVERNOR'S GATE AND ATAPATTU MUDALIYAR OF GALLE,
LIFE MEMBER OF THE CEYLON BRANCH OF THE ROYAL ASIATIC SOCIETY,
HONORARY SECRETARY IN CEYLON OF THE PALI TEXT SOCIETY,
EDITOR OF THE VIMĀNA VATTHU, TELA-KAṬĀHA GĀTHĀ,
AND PAJJAMADHU

LONDON:
PUBLISHED FOR THE PALI TEXT SOCIETY,
BY HENRY FROWDE,
OXFORD UNIVERSITY PRESS WAREHOUSE, AMEN CORNER, E.C.

1892.

PREFACE.

I AM answerable for the final division into words, sentences, and paragraphs; for the numbering of the paragraphs in the text; for the references to those paragraphs inserted in the commentary; for the underlining of the actual words quoted. I have also drawn up the index, and corrected the proofs. While doing this I have collated two MSS., both in Sinhalese characters, one of the text and comment (Sd.), and one of the text only (Sb.).

T. W. RHYS DAVIDS.

3, BRICK COURT, TEMPLE,
1892.

CONTENTS.

Dhātu Kathā Pakaraṇaṃ.

NAMO TASSA BHAGAVATO ARAHATO SAMMĀ SAMBHUDDHASSA.

Saṃgaho asaṃgaho, saṃgahītena asaṃgahītaṃ asaṃgahītena saṃgahītaṃ, samgahītena samgahītaṃ asaṃgahītena asaṃgahītaṃ.

Sampayogo-vippayogo, sampayuttena vippayuttaṃ vippayuttena sampayuttaṃ, sampayuttena sampayuttaṃ vippayuttena-vippayuttaṃ.

Saṃgahītena sampayuttaṃ vippayuttaṃ, sampayuttena samgahītaṃ asaṃgahītaṃ, asaṃgahītena sampayuttaṃ vippayuttaṃ, vippayuttena saṃgahītaṃ asamgahītaṃ.

Pañcakkhandhā, dvādasāyatanāni, aṭṭhārasa dhātuyo, cattāri saccāni, bāvīsatindriyāni, paṭiccasamuppādo, cattāro satipaṭṭhānā, cattāro sammappadhānā, cattāro iddhipādā, cattāri jhānāni, catasso appamaññāyo, pañcindriyāni pañca balāni satta bojjhaṃgā ariyo aṭṭhaṃgiko maggo phasso vedanā saññā cetanā cittaṃ adhimokkho manasikāro tīhi saṃgaho tīhi asaṃgaho, catuhi sampayogo catuhi vippayogo, sabhāgo visabhāgo.

sabbā pi Dhammasaṃgaṇi-Dhātukathāya
mātikā

I.—Saṃgahāsaṃgaho.

1 Rūpakkhando katīhi khandehi katīhāyatanehi katīhi dhātūhi saṃgahīto?

Rūpakkhando ekena khandhena ekādasahi āyatanehi ekādasahi dhātūhi saṃgahīto.

Katīhi asaṃgahīto?

Catuhi khandhehi ekenāyatanena sattahi dhātūhi asaṃgahīto.

2 Vedānākhandho katīhi khandhehi katīhāyatanehi katīhi dhātuhi saṃgahīto?

Vedānākhandho ekena khandhena ekenāyatanena ekāya dhātuyā saṃgahīto.

Katīhi asaṃgahīto?

Catuhi khandhehi ekādasahi āyatenehi sattarasahi dhātūhi asaṃgahīto.

3 Saññākkhandho katīhi khandhehi katīhāyatanehi katīhi dhātūhi saṃgahīto?

Saññākkhandho ekena khandhena ekenāyatanena ekāya dhātuyā saṃghahīto.

Katīhi asaṃgahīto?

Catuhi khandhehi ekādasahi āyatanehi sattarasahi dhātūhi asaṃgahīto.

4 Saṃkhārakkhandho katīhi khandhehi katīhāyatānehi katīhi dhātūhi saṃgahīto?

Saṃkhārakkhandho ekena khandhena ekenāyatanena ekāya dhātuyā saṃgahīto.

Katīhi asaṃgahīto?

Catūhi khandhehi ekādasahi āyatanehi sattarasahi dhātūhi asaṃgahīto.

5 Viññāṇakkhandho katīhi khandhehi katīhāyatanehi katīhi dhātūhi saṃgahīto?

Viññānakkhandho ekena khandhena ekenāyatanena sattahi dhātūhi saṃgahīto.

Katīhi asaṃgahīto?

Catūhi khandhehi ekādasahi āyatanehi ekādasahi dhātūhi asaṃgahīto.

---

6 Rūpakkhandho ca Vedanākkhandho ca katīhi khandhehi katīhāyatanehi katīhi dhātuhi saṃgahīto?

Rūpakkhandho ca Vedanākkhandho ca dvīhi khandhehi ekādasahi āyatanehi ekādasahi dhātūhi saṃgahītā.

Katīhi asaṃgahitā?
Tīhi khandhehi ekenāyatanena sattahi dhātūhi asaṃgahītā?
7 Rūpakkhandho ca Saññākhandho ca . . . . pe . . . .
Dvīhi khandhehi ekādasahi āyatanehi ekādasahi dhātūhi saṃgahītā.
Katīhi asaṃgahītā?
Tīhi khandhehi ekenāyatanena sattahi dhātūhi asaṃgahītā.
8 Rūpakkhandho ca Saṃkārakkhandho ca . . . . pe . . . .
Dvīhi khandhehi ekādasahi āyatanehi ekādasahi dhātūhi saṃgahītā.
Katīhi asaṃgahītā?
Tīhi khandhehi ekenāyatanena sattahi dhātūhi asaṃgahītā.
9 Rūpakkhandho ca Viññānakkhandho ca . . . . pe . . . .
Dvīhi khandhehi dvādasahi āyatanehi aṭṭhārasahi dhātūhi asaṃgahītā?
Katīhi asaṃgahītā?
Tīhi kandhehi na kehici āyatanehi na kāhici dhātūhi asaṃgahītā.
10 Rūpakkhandho ca Vedānākkhandho ca Saññākkhandho ca katīhi khandhehi katīhi āyatanehi katīhi dhātūhi samgahītā?
Rūpakkhandho ca Vedanākkhandho ca Saññākkhandho ca tīhi khandhehi ekādasahi āyatanehi ekādasahi dhātūhi saṃgahītā.
Katīhi asaṃgahītā?
Dvīhi khandhehi ekenāyatanena sattahi dhātūhi asaṃgahītā.
11 Rūpakkhandho ca Vedanākkhandho ca Samkhārakkhandho ca . . . . pe . . . .
Tīhi khandhehi ekādasahi āyatanehi ekādasahi dhātūhi saṃgahītā.
Katīhi asaṃgahītā?
Dvīhi khandhehi ekenāyatanena sattahi dhạtūhi asaṃgahītā.
12 Rūpakkhandho ca Vedanākhāndho ca Viññāṇakkhandho ca . . . . pe . . . .

Tīhi khandhehī dvādasahi āyatanehi aṭṭhārasahi dhātūhi saṃgahītā.

Katīhi asaṃgahītā?

Dvīhi khandhehi na kehici āyatanehi na kāhici dhātūhi asaṃgahītā.

13 Rūpakkhandho ca Vedanākkhandho ca Saññākkhandho ca Saṃkārakkhandho ca katīhi khandhehi katīhāyatanehi katīhi dhātūhi saṃgahītā?

Rūpakkhandho ca Vedanākhandho ca Saññākhandho ca Saṃkhārakkhandho ca catūhi khandhehi ekādasahi āyatanehi ekādasahi dhātūhi saṃgahītā.

Katīhi asaṃgahītā?

Ekena khandhena ekenāyatanena sattahi dhātūhi asaṃgahītā.

14 Rūpakkhandho ca Vedanākkhandho ca Saññākkhandho ca Viññāṇakkhandho ca . . . . pe . . . .

Catūhi khandhehi dvādasahi āyatanehi aṭṭnārasahi dhātūhi saṃgahītā.

Katīhi asaṃgahītā?

Ekena khandhena nekehici āyatanehi nekāhici dhātūhi asaṃgahītā.

15 Rūpakkhandho ca Vedanākkhandho ca Saññākkhandho ca Saṃkhārakkhando ca Viññānakkhandho ca katīhi khandhehi katīhāyatanehi katīhi dhātūhi saṃgahītā?

Rūpakkhandho ca Vedanākkhandho ca Saññākkhandho ca Saṃkhārakkhandho ca Viññāṇakkhandho ca pañcahi khandhehi dvādasahi āyatanehi aṭṭhārasahi dhātūhi saṃgahītā.

Katīhi asaṃgahītā?

Na kehici khandhehi na kehici āyatanehi na kāhici dhātūhi asaṃgahītā.

16 Pañcakkhandhā katīhi khandhehi katīhi āyatanehi katīhi dhātūhi saṃgahītā?

Pañcakkhandhā pañcahi khandhehi dvādasahi āyatanehi atthārasahi dhātūhi saṃgahīta.

Katīhi asaṃgahītā?

Na kehici khandhehi na kehici āyatanehi na kāhici dhatūhi asaṃgahītā.

17 Cakkhāyatanaṃ katīhi khandhehi katīhāyatanehi katīhi dhātūhi saṃgahītaṃ?

Cakkhāyatanaṃ ekenakhandhena ekenāyatanena ekāya dhātuyā saṃgahītaṃ.

Katīhi asaṃgahītaṃ?

Catuhi khandhehi ekādasahi āyatanehi sattarasahi dhātūhi asaṃgahītaṃ.

18 Sotāyatanaṃ . . . . pe . . . .
19 Ghānāyatanaṃ . . . . pe . . . .
20 Jivhāyatanaṃ . . . . pe . . . .
21 Kāyāyatanaṃ . . . . pe . . . .
22 Rūpāyatanaṃ . . . . pe . . . .
23 Saddāyatanaṃ . . . . pe . . . .
24 Gandhāyatanaṃ . . . . pe . . . .
25 Rasāyatanaṃ . . . . pe . . . .
26 Phoṭṭhabbāyatanaṃ . . . . pe . . . .

Ekena khandhena ekenāyatanena ekāya dhātuyā saṃgahītaṃ.

Katīhi asaṃgahītaṃ?

Catuhi khandhehi ekādasahi āyatanehi sattarasahi dhātūhi asaṃgahitaṃ.

27 Manāyatanaṃ . . . . pe . . . .

Ekena khandhena ekenāyatanena sattahi dhātūhi samgahītaṃ.

Katīhi asaṃgahītaṃ?

Catuhi khandhehi ekādasahi āyatanehi ekādasahi dhātūhi asaṃgahītaṃ.

28 Dhammāyatanaṃ . . . . pe . . . .

Asaṃkhataṃ khandhato ṭhapetvā catuhi khandhehi ekenāyatanena ekāya dhātuyā saṃgahītaṃ.

Katīhi asaṃgahītaṃ.

Ekena khandhena ekādasahi āyatanehi sattarasahi dhātūhi asaṃgahītaṃ.

29 Cakkhāyatanañ ca Sotāyatanañ ca . . . . pe . . . .

Ekena khandhena dvīhāyatanehi dvīhi dhātūhi saṃgahitā.

Katīhi asaṃgahītā?

Catuhi khandhehi dasahāyatanehi soḷasahi dhātūhi asaṃgahītā.

30–36 Cakkhāyatanañ ca ghānāyatañ ca . . . . pe . . . .
Cakkhāyatanañ ca jivhāyatanañ ca . . . . pe . . . .
Cakkhāyatanañ ca kāyāyatanañ ca . . . . pe . . . .
Cakkhāyatanañ ca rūpāyatanañ ca . . . . pe . . . .
Cakkhāyatanañ ca saddāyātanañ ca . . . . pe . . . .
Cakkhāyatanañ ca gandhāyatanañ ca . . . . pe . . .
Cakkhāyatanañ ca rasāyatanañ ca . . . . pe . . . .

37 Cakkhāyatañ ca phoṭṭhabbhāyatanañ ca . . . . pe . . . .

Ekena khandhena dvīhāyatanehi dvīhi dhātūhi saṃgahītā.

Katīhi asaṃgahītā? Catuhi khandhehi dasahāyatanehi soḷasahi dhātūhi asaṃgahita.

38 Cakkhāyatanañ ca manāyatanañ ca . . . . pe . . . .
Dvīhi khandhehi dvihāyatanehi aṭṭhahi dhātūhi samgahītā.

Katīhi asaṃgahitā?

Tīhi khandhehi dasahāyatanehi dasahi dhātūhi asaṃgahitā.

39 Cakkhāyatanañ ca dhammāyatanañ ca . . . . pe . . . .

Asamkhataṃ khandhato ṭhapetvā catuhi khandhehi dvīhāyatanehi dvīhi dhāṭūhī saṃgahītaṃ.

Katīhi asaṃgahītaṃ.

Ekena khandhena dasahāyatanehi soḷasahi dhātūhi asaṃgahītaṃ.

40 Dvādasāyatanāni katīhi khandhehi katīhāyatanehi katīhi dhātūhi saṃgahītāni?

Dvādasāyatanāni asamkhataṃ khandhato ṭhapetvā pañcahi khandhehi dvādasahi āyatanehi aṭṭhārasahi dhātūhi saṃgahītāni.

Katīhi asaṃgahītāni?

Na kehici khandhehi na kehici āyatanehi na kāhici dhātūhi asaṃgahītāni.

41 Cakkhudhātu katīhi khandhehi katīhāyatanehi katīhi dhātūhi saṃgahītā?

Cakkudhātu ekena khandhena ekenāyatanena ekāya dhātuyā saṃgahītā.

Katīhi asaṃgahītā?

Catuhi khandhehi ekādasahi āyatanehi sattarasahi dhātūhi asaṃgahītā.

42–57 Sotadhātu . . . . pe . . . .
Ghānadhātu . . . . pe . . . .
Jivhādhātu . . . . pe . . . .
Kāyadhātu . . . . pe . . . .
Rūpadhātu . . . . pe . . . .
Saddadhātu . . . . pe . . . .
Gandhadhātu . . . . pe . . . .
Rasadhātu . . . . pe . . . .
Phoṭṭhabbadhātu . . . . pe . . . .
Cakkhuviññāṇadhātu . . . . pe . . . .
Sotaviññāṇa dhātu . . . . pe . . . .
Ghānaviññāṇadhātu . . . . pe . . . .
Jivhāviññāṇadhātu . . . . pe . . . .
Kāyaviññāṇadhātu . . . . pe . . . .
Manodhātu . . . . pe . . . .
Manoviññāṇadhātu . . . . pe . . . .

Ekena khandhena ekenāyatenena ekāya dhātuyā saṃgahītā.

Katīhi asaṃgahīta ?

Catūhi khandhehi ekādasahi āyatanehi sattarasahi dhātūhi asaṃgahītā.

58 Dhammadhātu . . . . pe . . . .

Asaṃkhataṃ khandhato ṭhapetvā catuhi khandhehi ekenāyatanena ekāya dhātuyā saṃgahītā.

Katīhi asaṃgahītā ?

Ekena khandhena ekādasahi āyatanehi sattarasahi dhātūhi asaṃgahītā.

59 Cakkhudhātu ca sotadhātu ca . . . . pe . . . .
60 Cakkhudhātu ca ghānadhātu ca . . . pe . . . .
61 Cakkudhātu ca jivhādhātu ca . . . . pe . . . .
62 Cakkudhātu ca kāyadhatu ca . . . pe . . . .
63 Cakkudhātu ca rūpadhātu ca . . . . pe . . . .
64 Cakkhudhātu ca saddadhātu ca . . . . pe . . . .
65 Cakkudhātu ca gandhadhātu ca . . . . pe . . . .
66 Cakkudhātu ca rasadhātu ca . . . . pe . . . .
67 Cakkudhātu ca phoṭṭhabbadhātu ca . . . . pe . . . .

Ekena khandhena dvīhāyatanehi dvīhi dhātūhi saṃgahītā.
Katīhi asaṃgahītā?
Catuhi khandhehi dasahāyatanehi soḷasahi dhātūhi asaṃgahītā.

68 Cakkhudhātu ca cakkhuviññāṇa-dhātu ca . . . . pe . . . .
Dvīhī khandhehi dvīhāyatanehi dvīhi dhātūhi saṃgahītā
Katīhi asaṃgahītā?
Tīhi khandhehi dasahāyatanehi soḷasahi dhātūhi asaṃgahītā.

69 Cakkhudhātu ca sotaviññānadhātu ca . . . . pe . . . .
70 Cakkhudhātu ca ghānaviññānadhātu ca . . . . pe . . . .
71 Cakkhudhātu ca jivhāviññānadhātu ca . . . . pe . . . .
72 Cakkhudhātu ca kāyaviññānadhātu ca . . . . pe . . . .
73 Cakkhudhātu ca manodhātu ca . . . . pe . . . .
74 Cakkhudhātu ca manoviññāṇa dhātu ca . . . . pe . . . .
Dvīhi khandhehi dvīhi āyatanehi dvīhi dhātuhi saṃgahītā.
Katīhi asaṃgahīta?
Tīhi khandhehi dasahāyatanehi soḷasahi dhātūhi asaṃgahīta.

75 Cakkhudhātu ca dhammadhātu ca . . . . pe . . . .
Asaṃkhataṃ khandhato ṭhapetvā catuhi khandhehi dvīhāyatanehī dvīhi dhātūhi saṃgahītā.
Katīhi asaṃgahītā?
Ekena khandhena dasahāyatanehi soḷasahi dhātūhi asaṃgahītā.

76 Aṭṭhārasa dhātuyo katīhī khandhehi katihāyatanehi katīhi dhātūhi asaṃgahitā. Aṭṭhārasa dhātuyo asaṃkhataṃ khandhato ṭhapetvā pañcahi khandhehi dvādasahi āyatanehi aṭṭhārasahi dhātūhi saṃgahītā.
Katīhi asaṃgahīta?
Na kehici khandhehi na kehici āyatanehi na kāhici dhātūhi asaṃgahītā.

---

77 Dukkhasaccaṃ katīhi khandhehi katīhi āyatanehi katīhi dhātūhi saṃgahītam?

Dukkasaccaṃ pañcahi kandhehi dvādasahi āyatanehi aṭṭhārasahi dhātūhi saṃgahītaṃ.

Katīhi asaṃgahītaṃ ?

Na kehici khandhehi na kehici āyatanehi na kāhici dhātūhi asaṃgahītaṃ.

78 Samudayasaccaṃ . . . . pe . . . .

Ekena khandhena . . . . pe . . . .

79 Maggasaccaṃ . . . . pe . . . .

Ekena khandhena ekenāyatanena ekāya dhātuyā saṃgahītaṃ.

Katīhi asaṃgahītaṃ ?

Catuhi khandhehi ekādasahi āyatanehi sattarasahi dhātūhi asaṃgahītam.

80 Nirodhasaccaṃ . . . . pe . . . .

Na kehici khandhehi ekenāyatanena ekāya dhātuyā saṃgahītaṃ ?

Katīhi asaṃgahītaṃ ?

Pañcahi khandhehi ekādasahi āyatanehi sattarasahi dhātūhi asaṃgahītaṃ.

81 Dukkasaccañ ca samudayasaccañ ca . . . . pe . . . .

Pañcahi khandhehi dvādasahi āyatanehi aṭṭhārasahi dhātūhi saṃgahītā.

Katīhi asaṃgahītā ?

Na kehici khandhehi na kehici āyatanehi na kāhici dhātūhi asaṃgahītā.

82 Dukkhasaccañ ca maggasaccañ ca . . . . pe . . . .

Pañcahi khandhehi dvādasahi āyatanehi aṭṭhārasahi dhātūhi saṃgahītā.

Katīhi asaṃgahītā ?

Na kehici khandhehi na kehici āyatanehi na kāhici dhātūhi asaṃgahītā.

83 Dukkhasaccañ ca nirodhasaccañ ca . . . . pe . . . .

Asaṃkhataṃ khandhato ṭhapetvā pañcahi khandehi dvādasahi āyatanehi aṭṭhārasahi dhātūhi saṃgahītā.

Katīhi asaṃgahītā ?

Na kehici khandhehi na kehici āyatanehi na kāhici dhātūhi asaṃgahītā . . . . pe . . . .

84 Dukkhasaccañ ca samudayasaccañ ca maggasaccañ ca . . . . pe . . . .

Pañcahi khandhehi dvādasahi āyatanehi aṭṭhārasahi dhātūhi saṃgahītā.

Katīhi asaṃgahītā?

Na kehici khandhehi na kehici āyatanehi na kāhici dhātūhi asaṃgahītā.

85 Dukkhasaccañ ca samudayasaccañ ca nirodhasaccañ ca .... pe ....

Asaṃkhataṃ khandhato ṭhapetvā pañcahi khandhehi dvādasahi āyatanehi aṭṭhārasahi dhātuhi saṃgahītā.

Katīhi asaṃgahītā? Na kehici khandhehi na kehici āyatanehi na kāhici dhatūhi asaṃgahītā.

86 Dukkhasaccañ ca samudayasaccañ ca maggasaccañ ca nirodhasaccañ ca .... pe ....

Asaṃkhataṃ khandhato ṭhapetvā pañcahi khandehi dvādasahi āyatanehi aṭṭhārasahi dhātūhi saṃgahītā.

Katīhi asamgahītā? Na kehici khandhehi na kehici āyatanehi na kāhici dhātūhi asaṃgahītā.

87 Cattāri saccāni katīhi khandhehi katīhāyatanehi katīhi dhātūhi saṃgahītā?

Cattāri saccāni asaṃkhataṃ khandhato ṭhapetvā pañcahi khandhehi dvādasahi āyatanehi aṭṭhārasahi dhātūhi saṃgahītā.

Katīhi asaṃgahītā?

Na kehici khandhehi na kehici āyatanehi na kāhici dhātūhi asaṃgahītā.

---

88 Cakkhundriyaṃ katīhi khandhehi katīhāyatanehi katīhi dhātūhi saṃgahītaṃ?

Cakkhundriyaṃ ekena khandhena ekenāyatanena ekāya dhātuyā saṃgahītaṃ.

Katīhi asaṃgahītaṃ?

Catuhi khandhehi ekādasahi āyatanehi sattarasahi dhātūhi asaṃgahītaṃ.

89–94 Sotindriyaṃ .... pe ....

Ghānindriyaṃ .... pe ....

Jivhindriyaṃ .... pe ....

Kāyindriyam .... pe ....

Itthindriyaṃ . . . . pe . . . .
Purisindriyam . . . . pe . . . .
Ekena khandhena ekanāyatanena ekāya dhātuyā saṃgahītaṃ.
Katīhi asaṃgahitaṃ ?
Catuhi khandhehi ekādasahi āyatanehi sattarasahi dhātūhi asaṃgahītaṃ.
95 Manindriyam . . . . pe . . . .
Ekena khandhena ekenāyatanena sattahi dhātūhi saṃgahītaṃ ?
Katīhi asaṃgahītaṃ ?
Catūhi khandhehi ekādasahi āyatanehi ekādasahi dhātūhi asaṃgahītaṃ.
96 Jīvitindriyaṃ . . . . pe . . . .
Dvīhi khandhehi ekenāyatanena ekāya dhātuyā saṃgahītaṃ.
Katīhi asaṃgahītaṃ ?
Tīhi khandhehi ekādasahi āyatanehi sattarasahi dhātūhi asaṃgahītaṃ.
97–109 Sukhindriyam . . . . pe . . . .
Dukkhindriyaṃ . . . . pe . . . .
Somanassindriyaṃ . . . . pe . . . .
Domanassindriyaṃ . . . . pe . . . .
Upekkhindriyaṃ . . . . pe . . . .
Saddhindriyaṃ . . . . pe . . . .
Viriyindriyaṃ . . . . pe . . . .
Satindriyaṃ . . . . pe . . . .
Samādhindriyaṃ . . . . pe . . . .
Paññindriyaṃ . . . . pe . . . .
Anaññātaṃ ñassāmitindriyaṃ . . . . pe . . . .
Aññindriyaṃ . . . . pe . . . .
Aññatāvindriyaṃ . . . . pe . . . .
Ekena khandhena ekenāyatanena ekāya dhātuyā saṃgahitaṃ
Katīhi asaṃgahītaṃ ?
Catuhi khandhehi ekādasahi āyatanehi sattarasahi dhātūhi asamgahītaṃ.
110 Cakkhundriyañ ca sotindriyañ ca . . . . pe . . . .

Ekena khandhena dvīhāyatanehi dvīhi dhātūhi saṃgahītā

Katīhi asaṃgahītā?

Catuhi khandhehi dasahāyatanehi soḷasahi dhātūhi asaṃgahītā.

111 Cakkhundriyañ ca ghānindriyañ ca .... pe ....

112 Cakkhundriyañ ca jivhindriyañ ca .... pe ....

113 Cakkhundriyañ ca kāyindriyañ ca .... pe ....

114 Cakkhundriyañ ca itthindriyañ ca .... pe ....

115 Cakkhundriyañ ca purisindriyañ ca .... pe ....

Ekena khandhena dvīhāyatanehi dvīhi dhātūhi saṃgahītā.

Katīhi asaṃgahītaṃ?

Catūhi khandhehi dasahāyatanehi soḷasahi dhātūhi asaṃgahītā.

116 Cakkhundriyañ ca manindriyañ ca .... pe ....

Dvīhi khandhehi dvīhāyatanehi aṭṭhahi dhātūhi saṃgahitā.

Katīhi asaṃgahītā?

Tīhī khandhehi dasahāyatanehi dasahi dhātūhi asaṃgahītā.

117 Cakkhundriyañ ca jīvitindriyañ ca .... pe ....

Dvīhi khandhehi dvīhāyatanehi dvīhi dhātūhi saṃgahītā.

Katīhi asaṃgahītā?

Tīhi khandhehi dasahāyatanehi soḷasahi dhātūhi asaṃgahītā.

118 Cakkhundriyañ ca sukhindriyañ ca .... pe ....

119 Cakkhundriyañ ca dukkhindriyañ ca .... pe ....

120 Cakkhundriyañ ca somanassindriyañ ca .... pe ....

121 Cakkhundriyañ ca domanassindriyañ ca .... pe ....

122 Cakkhundriyañ ca upekhindriyañ ca .... pe ....

123 Cakkhundriyañ ca saddhindriyañ ca . . . . pe . . . .

124 Cakkhundriyañ ca virindriyañ ca . . . . pe . . . .

125 Cakkhundriyañ ca satindriyañ ca . . . . pe . . . .

126 Cakkhundriyañ ca samādhindriyañ ca . . . . pe . . . .

127 Cakkhundriyañ ca paññindriyañ ca . . . . pe . . . .

128 Cakkhundriyañ ca anaññataṃ ñassāmītindriyañ ca . . . . pe . . . .

129 Cakkhundriyañ ca aññindriyañ ca . . . . pe . . . .

130 Cakkhundriyañ ca aññatāvindriyañ ca . . . . pe . . . .

Dvīhi khandhehi dvīhāyatanehi dvīhi dhātūhi saṃgahītā.

Katīhi asaṃgahītā?

Tīhi khandhehi dasahāyatanehi soḷasahi dhātūhi asaṃgahītā.

131 Bāvīsati indriyāni katīhi khandhehi katīhāyatanehi kātīhi dhātūhi saṃgahītā?

Bāvīsatindriyāni catuhi khandhehi sattahāyatanehi terasahi dhātūhi saṃgahītā.

Katīhi asaṃgahītā?

Ekena khandhena pañcahāyatanehi pañcahi dhātūhi asaṃgahītā.

132 Avijjā . . . . pe . . . .

Ekena khandhena ekenāyatanena ekāya dhātuyā saṃgahītā.

Katīhi asaṃgahītā?

Catūhi khandhehi ekādasahi āyatanehi sattarasahi dhātūhi asaṃgahītā.

133 Avijjā-paccayā saṃkhārā . . . . pe . . . .

Ekena khandhena ekenāyatanena ekāya dhātuyā saṃgahīta.

Katīhi asaṃgahītā?

Catuhi khandhehi ekādasahi āyatanehi sattarasahi dhātūhi asaṃgahītā.

134 Saṃkhāra-paccayā viññāṇam . . . . pe . . . .

Ekena khandhena ekenāyatanena sattahi dhātūhi saṃgahītaṃ.

Katīhi asaṃgahītaṃ ?

Catūhi khandhehi ekādasahi āyatanehi ekādasahi dhātūhi asaṃgahitaṃ

135 Viññāṇa-paccayā nāmarūpaṃ . . . . pe . . .

Catūhi khandhehi ekadasahi ayatanehi ekādasahi dhātūhi asamgahītaṃ

Katīhi asamgahītaṃ ?

Ekena khandhena ekenāyatanena sattahi dhātūhi asaṃgahītaṃ.

136 Nāmarūpa-paccayā saḷāyatanaṃ . . . . pe . . . .

Dvīhī khandhehi chahāyatanehi dvādasahi dhātūhi saṃgahītaṃ.

Katīhi asaṃgahītaṃ ?

Tīhi khandhehi chahāyatanehi chahi dhātūhi asaṃgahītaṃ.

137 Saṭāyatana-paccayā phasso . . . . pe . . . .

138 Phassa-paccayā vedanā . . . . pe . . . .

139 Vedanā-paccayā tanhā . . . . pe . . . .

140 Tanhā-paccayā upādanaṃ . . . . pe . . . .

141 Upādāna-paccayā kamma-bhavo . . . . pe . . . .

Ekena khandhena ekenāyatanena ekāya dhātūya saṃgahīto.

Katīhi asaṃgahīto ?

Catuhi khandhehi ekādasahi āyatanehi sattārasahi dhātūhi asaṃgahīto.

142–145 Uppatti bhavo . . . . pe . . . . kāma-bhavo . . . . pe . . . . saññā-bhavo . . . . pe . . . . pañcavokāra-bhavo . . . . . pe . . . .

Pañcahi khandhehi ekādasahi āyatanehi sattarasahi dhātūhi sāmgahīto.

Katīhi asaṁgahito ?

Na kehici khandhehi ekenāyatanena ekāya dhātuyā asaṃgahīto.

146 Rūpa-bhavo . . . . pe . . . .

Pañcahi khandhehi pañcahāyatanehi aṭṭhahi dhātūhi saṃgahīto.

Katīhi asaṃgahīto?

Na kehici khandhehi sattahāyatanehi dasahi dhātūhi asaṃgahīto.

147–149 Arūpa-bhavo . . . . pe . . . . Nevasaññanāsaññabhavo . . . . pe . . . .

Catuvokāra-bhavo . . . . pe . . . . Catuhi khandhehi dvīhāyatanehi dvīhi dhātūhi saṃgahito.

Katīhi asaṃgahito?

Ekena khandhena dasahāyatanehi soḷasahi dhātūhi asaṃgahīto.

150, 151 Asañña-bhavo . . . . pe . . . . Ekavokārabhavo . . . . pe . . . .

Ekena khandhena dvīhāyatanehi dvīhi dhātūhi saṃgahīto.

Katīhi asaṃgahīto?

Catuhi khandhehi dasahāyatanehi soḷasahi dhātuhi asaṃgahīto.

152–154 Jāti dvīhi khandhehi jarā dvīhi khandhehi maraṇam dvīhi khandhehi ekena āyatanena ekāya dhātuyā saṃgahītaṃ.

Katīhi āsaṃgahītām?

Tīhi khandhehi ekādasahi āyatanehi sattarasahi dhātūhi asaṃgahītaṃ.

155–161 Soko . . . . pe . . . . paridevo . . . . pe . . . . dukkhaṃ . . . . pe . . . . domanassaṃ . . . . pe . . . . upāyāso . . . . pe . . . . satipaṭṭhānam . . . . pe . . . . sammappadhānaṃ . . . . pe . . . .

Ekena khandhena ekenāyatanena ekāya dhātuyā saṃgahītaṃ

Katīhi asaṃgahītaṃ?

Catuhi khandhehi ekādasahi āyatanehi sattarasahi dhātūhi asaṃgahītaṃ.

162 Iddhipādo . . . . pe . . . .

Dvīhi khandhehi dvīhayatanehi dvīhi dhātūhi saṃgahīto.

Katīhi asaṃgahīto?

Tīhi khandhehi dasahāyatanehi soḷasahi dhātūhi asaṃgahīto.

168 Jhānaṃ dvīhi khandhehi ekenāyatanena ekāya dhātuyā saṃgahītaṃ.

Katīhi asaṃgahitaṃ ?

Tīhi khandhehi ekādasahi āyatanehi sattarasahi dhātūhi asaṃgahītaṃ.

164–174 Appamaññā—Pañcindriyāni—Pañca balani—Satta bojjhaṅgā—Ariyo aṭṭhaṅgiko maggo—Phasso—Vedanā—Saññā—Cetanā—Adhimokkho—Manasikāro .... pe ....

Ekena khandhena ekenāyatanena ekāya dhātuyā saṃgahīto.

Katīhi asaṃgahīto ?

Catuhi khandhehi ekādasahi āyatanehi sattarasahi dhātūhi asaṃgahīto.

175 Cittam ekena khandhena ekenāyatanena sattahi dhātūhi saṃgahitaṃ.

Katīhi asaṃgahitaṃ ?

Catūhi khandhehi ekādasahi āyatanehi ekādasahi dhātūhi asaṃgahītaṃ.

176 Kusalā dhammā akusalādhammā katīhi khandhehi katīhi āyatanehi katīhi dhātūhi saṃgahītā ?

Kusalā dhammā akusalā dhammā catuhi khandhehi dvīhāyatanehi dvīhi dhātūhi saṃgahītā.

Katīhi asaṃgahītā ?

Ekena khandhena dasahāyatanehi soḷasahi dhātūhi asaṃgahītā.

177 Avyākatā dhammā .... pe ....

Asaṃkhataṃ khandhato ṭhapetvā pañcahi khandhehi dvādasahi āyatanehi aṭṭhārasahi dhātūhi saṃgahītā.

Katīhi asaṃgahītā ?

Na kehici khandhehi na kehici āyatanehi na kāhici dhātūhi asaṃgahītā.

178 Sukhāya vedanāya sampayuttā dhammā .... pe ....

179 Dukkhāyā vedanāya sampayuttā dhammā .... pe ....

Tīhi khandhehi dvīhāyatanehi tīhi dhātūhi saṃgahītā.

Katīhi asaṃgahītā ?

Dvīhi khandhei dasa hāyatanehi paṇṇarasahi dhātūhi asaṃgahītā.

180 Adukkhamasukhāya vedanāya sampayuttā dhammā .... pe ....

Tīhi khandhehi dvīhi āyatanehi sattahi dhātūhi asaṃgahītā.

Katīhi asaṃgahītā ?

Dvīhi khandhehi dasahāyatanehi ekādasahi dhātūhi asaṃgahītā.

181 Vipākādhammā .... pe ....

Catuhi khandhehi dvīhāyatanehi aṭṭhahi dhātūhi saṃgahītā.

Katīhi asaṃgahītā ?

Ekena khandhena dasahāyatanehi dasahi dhātūhi asaṃgahītā.

182 Vipākadhammadhammā .... pe ....

183 Saṃkiliṭṭha-samkilesikā dhammā .... pe ....

Catuhi khandhehi dvīhāyatanehi dvīhi dhātūhi saṃgahītā.

Katīhi asaṃgahītā ?

Ekena khandhena dasahāyatanehi soḷasahi dhātūhi asaṃgahītā.

184 Nevavipākanavipākadhamma - dhammā .... pe ....

Asaṃkhataṃ khandhato ṭhapetvā pañcahi khandhehi dvādasahi āyatanehi terasahi dhātūhi saṃgahītā.

Katīhi asaṃgahitā ?

Na kehici khandhehi na kehici āyatanehi pañcahi dhātūhi asaṃgahitā.

185 Upādinnupādāniyā dhammā .... pe ....

Pañcahi khandhehi ekādasahi āyatanehi sattarasahi dhātūhi saṃgahītā.

Katīhi asaṃgahītā ?

Na kehici khandhehi ekenāyatanena ekāya dhātuyā asaṃgahītā.

186 Anupādinnupādāniyā dhammā .... pe ....

Pañcahi khandhehi sattahāyatanehi aṭṭhahi dhātūhi saṃgahītā.

Katīhi asaṃgahītā?

Na kehici khandhehi pañcahāyatanehi soḷasahi dhātūhi asaṃgahītā.

187 Anupādinnā anupadāniyā dhammā . . . . pe . . . .

188 Asaṃkiliṭṭha-asaṃkilesikā dhammā . . . . pe . . . .

Asaṃkhataṃ khandhato ṭhapetvā catuhi khandhehi dvīhāyatanehi dvīhi dhātūhi saṃgahītā.

Katīhi asaṃgahītā?

Ekena khandhena dasahāyatanehi soḷasahī dhātūhi asaṃgahītā.

189 Asaṃkiliṭṭha-saṃkilesikā dhammā . . . . pe . . . .

Pañcahi khandhehi dvādasahi āyatanehi aṭṭhārasahi dhātūhi saṃgahītā.

Katīhi asaṃgahītā?

Na kehici khandhehi na kehici āyatanehi na kāhici dhātūhi asaṃgahītā.

190 Savitakha-savicārā dhammā . . . . pe . . . .

Catūhi khandhehi dvīhāyatanehi tīhi dhātūhi saṃgahītā.

Katīhi asaṃgahītā?

Ekena khandhena dasahāyatanehi paṇṇarasahi dhātūhi asaṃgahītā.

191 Avitakkavicāramattā dhammā . . . . pe . . . .

Catuhi khandhehi dvīhāyatanehi dvīhi dhātūhi saṃgahītā.

Katīhi asaṃgahītā?

Ekena khandhena dasahāyatanehi soḷasahi dhātūhi asaṃgahītā.

192 Avitakka-avicārā dhammā . . . . pe . . . .

Asaṃkataṃ khandhato ṭhapetvā pañcahi khandehi dvādasahi āyatanehi sattarasahi dhātūhi saṃgahītā.

Katīhi asaṃgahītā?

Na kehici khandhehi na kehici āyatanehi ekāya dhātuyā asaṃgahītā.

193 Sukhasahagatā dhammā . . . . pe . . . .

Tīhi khandhehi dvīhāyatanehi tīhi dhātūhi saṃgahītā.

Katīhi asaṃgahītā?

Dvīhī khandhehi dasahāyatanehi paṇṇarasahi dhātūhi asaṃgahītā.

194 Upekha-sahagatā dhammā . . . . pe . . . .
Tīhi khandhehi dvīhāyatanehi sattahi dhātūhi saṃgahītā.
Katīhi asaṃgahītā?
Dvīhi khandhehi dasahāyatanehi ekādasahi dhātūhi asaṃgahītā.

195 Dassanena pahātabbā dhāmmā—
196 Bhāvanāya pahātabbā dhammā—
197 Dassanena pahātabba-hetukā dhammā—
198 Bhāvanāya pahātabba-hetukā dhammā—
199 Ācaya-gāmino dhammā—
200 Apacaya-gāmino dhammā—
201 Sekkhā dhammā—
202 Asekkhā dhammā—
203 Mahaggatā dhammā . . . . pe . . . .
Catuhi khandhehi dvīhāyatanehi dvīhi dhātūhi saṃgahītā.
Katīhi asaṃgahītā?
Ekena khandhena dasahāyatanehi soḷasahi dhātūhi asaṃgahītā.

204 Neva dassanena na bhāvanāya pahātabbā dhammā—
205 Neva dassanena na bhāvanāya pahātabba-hetukā dhammā—
206 Neva ācaya-gāmino nā apacaya-gāmino dhammā—
207 Neva sekkhā nāsekkha-dhammā . . . . pe . . . .
Asaṃkhataṃ khandhato ṭhapetvā pañcahi khandhehi dvādasahi āyatanehi aṭṭhārasahi dhātūhi saṃgahītā.
Katīhi asaṃgahitā?
Na kehici khandhehi na kehici āyatanehi na kāhici dhātūhi asaṃgahītā.

208 Parittā dhammā . . : . pe . . . .
Pañcahi khandehi dvādasahi āyatanehi aṭṭārasahi dhātūhi saṃgahitā.
Katīhi asamgahītā?
Na kehici khandhehi na kehici āyatanehi na kāhici dhātūhi asaṃgahītā.

209 Appamāṇā dhammā . . . . pe . . . .
Asaṃkhatam khandhato ṭhapetvā catuhi khandhehi dvīhāyatanehi dvīhi dhātūhi saṃgahītā.

Katīhi asaṃgahītā?

Ekena khandhena dasahāyatanehi soḷasahi dhātūhi asaṃgahītā.

210 Parittārammaṇā dhammā . . . . pe . . . .

Catuhi khandhehi dvihāyatanehi aṭṭhahi dhātūhi saṃgahītā.

Katīhi asaṃgahītā?

Ekena khandhena dasahayatanehi dasahi dhātuhi asaṃgahītā.

211–220 Māhaggatārammaṇā dhammā — Appamānā rammanā dhammā — Hīnā dhammā —Micchattaniyatā dhammā — Sammattaniyatā dhammā — Maggārammaṇā dhammā—Maggahetukā dhammā—Maggādhipatino dhammā—Attītārammaṇā dhammā—Anāgatārammaṇā dhammā . . . . pe . . . .

Catuhi khandhehi dvihāyatanehi dvīhi dhātūhi saṃgahītā.

Katīhi asaṃgahītā?

Ekena khandhena dasahāyatanehi soḷasahi dhātūhi asaṃgahītā.

221 Majjhimā dhammā . . . . pe . . . .

Pañcahi khandhehi dvādasahāyatanehi aṭṭhārasahi dhātūhi saṃgahītā.

Katīhi asaṃgahītā?

Na kehici khandhehi na kehici āyatanehi na kāhici dhātūhi asaṃgahītā.

222 Aniyatā dhammā . . . . pe . . . .

Asaṃkhataṃ khandhato ṭhapetvā pañcahi khandhehi dvādasahi āyatanehi aṭṭhārasahi dhātūhi saṃgahītā.

Katīhi asaṃgahītā?

Na kehici khandhehi na kehici āyatanehi na kāhici dhātūhi asaṃgahītā.

223 Uppannā dhammā . . . . pe . . . .

Pañcahi khandhehi dvādasahi āyatanehi aṭṭhārasahi dhātūhi saṃgahītā.

Katīhi asaṃgahitā?

Na kehici khandhehi na kehici āyatanehi na kāhici dhātūhi asaṃgahītā.

224 Anuppannā dhammā . . . . pe . . . .
Pañcahi khandhehi sattāyatanehi aṭṭhahi dhātūhi saṃgahītā.
Katīhi asaṃgahītā?
Na kehici khandhehi pañcahāyatanehi dasahi dhātūhi asaṃgahītā.
225 Uppādino dhammā . . . . pe . . . .
Pañcahi khandhehi ekādasahi āyatanehi sattarasahi dhātūhi saṃgahītā.
Katīhi asaṃgahītā?
Na kehici khandhehi ekenāyatanena ekāya dhātuyā asaṃgahītā.
226–231 Atītā dhammā — Anāgatā dhammā — Paccuppannā dhammā—Ajjhatthā dhammā—Bahiddhā dhammā—Ajjhatthabahiddhā dhammā . . . . pe . . . .
Pañcahi khandehi dvadasahāyatanehi aṭṭhārasahi dhātūhi saṃgahītā.
Katīhi asaṃgahītā?
Na kehici khandhehi na kehici āyatanehi na kāhici dhātūhi asaṃgahītā.
232 Bahiddhā dhammā . . . . pe . . . .
Asaṃkataṃ khandhato ṭhapetva pañcahi khandhehi dvādāsahi āyatanehi aṭṭhārasahi dhātūhi saṃgahītā.
Katīhi asaṃgahītā?
Na kehici khandhehi na kehici āyatanehi na kāhici dhātūhi asaṃgahītā.
233, 234 Atītārammaṇā dhammā—Anāgatā rammanā dhammā . . . . pe . . . .
Catuhi khandhehi dvīhāyatanehi dvīhi dhātūhi saṃgahītā.
Katīhi asaṃgahītā?
Ekena khandhena dasahāyatanehi soḷasahi dhātūhi asaṃgahītā.
235–238 Paccuppannārammaṇā dhammā—Ajjhattārammaṇā dhammā—Bahiddhārammaṇā dhammā—Ajjhattabahiddhārammaṇā dhammā . . . . pe . . . .
Catuhi khandhehi dvihāyatanehi aṭṭhahi dhātūhi saṃgahitā.
Katīhi asaṃgahītā?

Ekena khandhena dasahāyatanehi dasahi dhātūhi asaṃgahītā.

239 Sanidassana-sappaṭighā dhammā . . . . pe . . . .

Ekēna khandhena ekenāyatanena ekāya dhātuyā saṃgahītā.

Katīhi asaṃgahītā ?

Catuhi khandhehi ekādasahi āyatanehi sattarasahi dhātuhi asaṃgahītā.

240 Anidassana-sappaṭighā dhammā . . . . pe . . . .

Ekena khandhena navahāyatanehi navahi dhātūhi saṃgahītā.

Katīhi asaṃgahītā ?

Catuhi khandhehi dvīhāyatanehi navahi dhātūhi asaṃgahītā.

241 Anidassana-appaṭighā dhammā . . . . pe . . . .

Asaṃkhatam khandhato ṭhapetvā pañcahi khandhehi dvīhāyatanehi aṭṭhahi dhātūhi saṃgahītā.

Kaṭīhi asaṃgahītā ?

Na kehici khandhehi dasahāyatanehi dasahi dhātūhi asaṃgahītā.

242–244 Hetu dhammā—Hetu ceva sahetukā dhammā—Hetu ceva hetu-sampayuttā dhammā . . . . pe . . . .

Ekena khandhena ekenāyatanena ekāya dhātuyā saṃgahītā.

Katīhi asaṃgahītā ?

Catuhi khandhehi ekādasahi āyatanehi sattarasahi dhātuhi asaṃgahītā.

245–248 Nahetudhammā—Ahetukā dhammā—Hetuvippayuttā dhammā — Nahetu-ahetukā dhammā . . . . pe . . . .

Asaṃkhataṃ khandhato ṭhapetvā pañcahi khandhehi dvādasahi ayatanehi aṭṭhārasahi dhātūhi saṃgahītā.

Katīhi asaṃgahītā ?

Na kehici khandhehi na kehici āyatanehi na kāhici dhātūhi asaṃgahītā.

249–253 Sahetukā dhammā—Hetu-sampayuttā dhammā —Hetukā ceva nahetudhammā—Hetu-sampayuttā ceva na ca hetu-dhammā—Na-hetu-sahetukā dhammā . . . . pe . . .

Catuhi khandhehi dvīhāyatanehi dvīhi dhātūhi saṃgahītā.

Katīhi asaṃgahītā?

Ekena khandhena dasahāyatanehi soḷasahi dhātūhi asaṃgahītā.

254, 255 Sappaccayā dhammā—Saṃkhatā dhammā .... pe ....

Pañcahi khandhehi dvādasahi āyatanehi aṭṭhārasahi dhātūhi saṃgahītā.

Katīhi asaṃgahītā?

Na kehici khandhehi na kehici āyatanehi na kāhici dhātūhi asaṃgahītā.

256 Appaccayā dhammā-asaṃkhatā dhammā .... pe ....

Na kehici khandhehi ekenāyatanena ekāya dhātuyā saṃgahītā.

Katīhi asaṃgahītā?

Pañcahi khandhehi ekādasahi āyatanehi sattarasahi dhātūhi asaṃgahītā.

257 Sanidassanā dhammā .... pe ....

Ekena khandhena ekenāyatanena ekāya dhātuyā saṃgahītā.

Katīhi asaṃgahītā?

Catuhi khandhehi ekādasahi āyatanehi sattarasahi dhātūhi asamgahītā.

258 Anidassanā dhammā .... pe ....

Asaṃkhataṃ khandato ṭhapetvā pañcahi khandhehi ekādasahi āyatanehi sattarasahi dhātūhi saṃgahītā.

Katīhi asaṃgahītā?

Na kehici khandhehi ekenāyatanena ekāya dhātuyā asaṃgahītā.

259 Sappaṭighā dhammā .... pe ....

Ekena khandhena dasahāyatanehi dasahi dhātūhi saṃgahītā.

Katīhi asaṃgahītā?

Catuhi khandhehi dvīhāyatanehi aṭṭhahi dhātūhi asaṃgahītā.

260 Appaṭighā dhammā .... pe ....

Asaṃkhataṃ khandato ṭhapetvā pañcahi khandhehi dvīhāyatanehi aṭṭhahi dhātūhi saṃgahītā.

Katīhi asaṃgahītā?

Na kehici khandhehi dasahāyatanehi dasahi dhātūhi asaṃgahītā.

261 Rūpino dhammā . . . . pe . . . .

Ekena khandhena ekādasahi āyatanehi ekādasahi dhātūhi saṃgahītā.

Katīhi asamgahītā?

Catuhi khandhehi ekenāyatanena sattahi dhātūhi asaṃgahītā.

262 Arūpino dhammā . . . . pe . . . .

Asaṃkhataṃ khandhato ṭhapetvā catuhi khandhehi dvīhāyatanehi aṭṭhahi dhātūhi saṃgahītā.

Katīhi asaṃgahītā?

Ekena khandhena dasahi āyatanehi dasahi dhātūhi asaṃgahītā.

263 Lokiyā dhammā . . . . pe . . . .

Pañcahi khandhehi dvādasahi āyatanehi aṭṭhārasahi dhātūhi saṃgahītā.

Katīhi asaṃgahītā?

Na kehici khandhehi na kehici āyatanehi na kāhici dhātūhi asaṃgahītā.

264 Lokuttarā dhammā . . . . pe . . . .

Asaṃkhataṃ khandhato ṭhapetvā catuhi khandhehi dvīhāyatanehi dvīhi dhātūhi saṃgahītā.

Katīhi asaṃgahītā?

Ekena khandhena dasahāyatanehi soḷasahi dhātūhi asaṃgahītā.

265, 266 Kenaci viññeyyā dhammā—Kenaci naviññeyyā dhammā . . . . pe . . . .

Asaṃkhataṃ khandhato ṭhapetvā pañcahi khandhehi dvādasahi āyatanehi aṭṭhārasahi dhātūhi saṃgahītā.

Katīhi asaṃgahītā?

Na kehici khandhehi na kehici āyatanehi na kāhici dhātūhi asaṃgahītā.

267–269 Āsavā dhammā—Asavā ceva sāsavā dhammā—Āsavā c'eva āsava-sampayuttā dhammā . . . . pe. . . .

Ekena khandhena ekāyatanena ekāya dhātuyā saṃgahītā.

Katīhi asaṃgahītā?

Catuhi khandhehi ekādasahi āyatanehi sattarasahi dhātuhi asaṃgahītā.

270, 271 No āsavā dhammā—Āsavā vippayuttā dhammā . . . . pe . . . .

Asaṃkhataṃ khandato ṭhapetvā pañcahi khandhehi dvādasahi āyatanehi aṭṭhārasahi dhātūhi samgahītā.

Katīhi asamgahītā?

Na kehici khandhehi na kehici āyatanehi na kāhici dhātūhi asaṃgahītā.

272–274 Sāsavā dhammā—Sāsavā c'eva no ca āsavā dhammā — Āsava-vippayuttā sāsavā dhammā . . . . pe . . . .

Pañcahi khandhehi dvādasahi āyatanehi aṭṭhārasahi dhātuhi saṃgahītā.

Katīhi asamgahītā?

Na kehici khandhehi na kehici āyatanehi na kāhici dhātūhi asaṃgahītā.

275, 276 Anāsavā dhammā—Āsava vippayuttā anāsavadhammā . . . . pe . . . .

Asaṃkhataṃ khandato ṭhapetvā catuhi khandhehi dvīhāyatanehi dvīhi dhātuhi saṃgahītā.

Katīhi asaṃgahītā?

Ekena khandhena dasahāyatanehi soḷasahi dhātuhi asaṃgahītā.

277, 278 Āsava-sampayuttā dhammā—Āsava-sampayuttā c'eva no ca āsavā dhammā . . . . pe . . . .

Catuhi khandhehi dvīhi āyatanehi dvīhī dhātūhi samgahītā.

Katīhi asaṃgahītā?

Ekena khandhena dasahāyatanehi soḷasahi dhātūhi asaṃgahītā.

279–285 Saññojanā dhammā—Ganthā dhammā—Oghā dhammā—Yogā dhammā—Nīvaraṇā dhammā—Parāmāsā dhammā—Parāmāsā c'eva parāmaṭṭhā dhammā . . . . pe . . . .

Ekena khandhena ekāyatanena ekāya dhātuyā saṃgahītā.

Katīhi asaṃgahītā ?

Catuhi khandhehi ekādasahi āyatanehi sattarasahi dhātūhi asaṃghītā.

286, 287 No parāmasā dhammā—Paramāsa-vippayuttā dhammā.

Asaṃkhataṃ khandhato ṭhapetvā pañcahi khandhehi dvādasahi āyatanehi aṭṭhārasahi dhātūhi samgahītā.

Katīhi asaṃgahītā ?

Na kehici khandhehi na kehici āyatanehi na kāhici dhātūhi asaṃgahītā.

288–290 Parāmaṭṭhā dhammā—Parāmaṭṭhā c'eva no ca parāmāsā dhammā—Parāmāsa-vippayuttā paramaṭṭhā dhammā . . . . pe . . .

Pañcahi khandhehi dvādasahi āyatanehi aṭṭhārashi dhātūhi saṃgahītā.

Katīhi asaṃgahītā ?

Na kehici khandhehi na kehici āyatanehi na kāhici dhātūhi asaṃgahītā.

291, 292 Parāmaṭṭhā dhammā—Parāmāsa-vippayuttā aparāmaṭṭhā dhammā . . . . pe . . . .

Asaṃkhataṃ khandato ṭhapetvā catuhi khandhehi dvīhāyatanehi dvīhi dhātūhi saṃgahītā.

Katīhi asaṃgahītā ?

Ekena khandhena dasahāyatanehi soḷasahi dhātūhi asaṃgahītā.

293 Parāmāsa-sampayuttā dhammā . . . . pe . . . .

Catuhi khandhehi dvīhi āyatanehi dvīhi dhātūhi saṃgahītā.

Katīhi asaṃgahītā ?

Ekena khandhena dasahāyatanehi soḷasahi dhātūhi asaṁgahītā.

294 Sārammaṇā dhammā . . . . pe . . . .

Catuhi khandhehi dvīhāyatanehi aṭṭhahi dhātūhi saṃgahītā.

Katīhi asaṃgahītā ?

Ekena khandhena dasahāyatanehi dasahi dhātūhi asaṃgahītā.

295 Anārammaṇā dhammā . . . . pe . . . .

Asaṃkhataṃ khandhato ṭhapetvā ekena khandhena ekādasahi āyatanehi ekādasahi dhātūhi saṃgahītā.

Katīhi asaṃgahītā?

Catuhi khandhehi ekenāyatanena sattahi dhātūhi asaṃgahītā.

296 Cittā dhammā . . . . pe . . . .

Ekena khandhena ekenāyatanena sattahi dhātūhi saṃgahītā.

Katīhi asaṃgahītā?

Catuhi khandhehi ekādasahi āyatanehi ekādasahi dhātūhi asaṃgahītā.

297 No cittā dhamma . . . . pe . . . .

Asaṃkhataṃ khandhato ṭhapetvā catuhi khandhehi ekādasahi āyatanehi ekādasahi dhātūhi saṃgahītā.

Katīhi asaṃgahītā?

Ekena khandhena ekenāyatanena sattahi dhātuhi asaṃgahītā.

298–300 Cetasikā dhammā—Citta-sampayuttā dhammā —Citta saṃsaṭṭhā dhammā . . . . pe . . . .

Tīhi khandehi ekenāyatanena ekāya dhātuyā saṃgahītā.

Katīhi asaṃgahītā?

Dvīhi khandhehi ekādasahi āyatanehi sattarasahi dhātūhi asaṃgahītā.

301 Acetasikā dhammā . . . . pe . . . .

Asaṃkhataṃ khandhato ṭhapetvā dvīhī khandhehi dvādasahi ayatanehi aṭṭhārasahi dhātuhi saṃgahītā.

Katīhi asaṃgahītā?

Tīhi khandhehi na kehici āyatanehi na kāhici dhātūhi asaṃgahītā.

302, 303 Citta-vippayuttā dhammā—Citta visaṃsaṭṭhā dhammā . . . . pe . . . .

Asaṃkhataṃ khandhato ṭhapetvā ekena khandhena ekādasahi āyatanehi ekādasahi dhātūhi saṃgahītā.

Katīhi asamgahītā?

Catuhi khandhehi ekenayatanena sattahi dhātūhi asaṃgahītā.

304 Citta-samuṭṭhānā dhammā . . . . pe . . . .

Catuhi khandhehi chahāyatanehi chahi dhātūhi saṃgahītā.

Katīhi asaṃgahītā?

Ekena khandhena chahāyatanehi dvādasahi dhātūhi asaṃgahītā.

305, 306 No citta-samuṭṭhānā dhammā—No citta-saha bhuno dhammā . . . . pe . . . .

Asaṃkhataṃ khandhato ṭhapetvā dvīhi khandhehi dvādasahi āyatanehi aṭṭhārasahi dhātūhi saṃgahītā.

Katīhi asaṃgahītā?

Tīhī khandhehi na kehici āyatanehi na kāhici dhātūhi asaṃgahītā.

307, 308 Citta-sahabhuno dhammā—Cittānuparivattino dhammā . . . . pe . . . .

Catuhi khandhehi ekenāyatanena ekāya dhātuyā saṃgahītā.

Katīhi asaṃgahītā?

Ekena khandhena ekādasahi āyatanehi sattarasahi dhātūhi asaṃgahītā.

309, 310 Citta-saṃsaṭṭha-samuṭṭhāna-sahabhuno dhammā — Citta-saṃsaṭṭha-samuṭṭhānānuparivattino dhammā . . . . pe . . . .

Tīhī khandhehi ekenāyatanena ekāya dhātuyā saṃgahītā.

Katīhi asaṃgahītā?

Dvīhī khandhehi ekādasahi āyatanehi sattarasahi dhātūhi asaṃgahītā.

311–313 No citta-saṃsaṭṭha-samuṭṭhānā-dhammā—No citta-saṃsaṭṭha-samuṭṭhāna-sahabhuno dhammā. No citta-saṃsaṭṭha-samuṭṭhānānuparivattino dhammā . . . . pe . . . .

Asaṃkhataṃ khandhato ṭhapetvā dvīhi khandhehi dvādasahi āyatanehi aṭṭhārasahi dhātūhi saṃgahītā.

Katīhi asaṃgahītā?

Tīhī khandhehi na kehici āyatanehi na kāhici dhātūhi asaṃgahītā.

314 Ajjhattikā dhammā . . . . pe . . . .

Dvīhi khandhehi chahāyatanehi dvādasahi dhātūhi saṃgahītā.

Katīhi asaṃgahītā?

Tīhi khandhehi chahāyatanehi chahi dhātūhi asaṃgahītā.

315 Bāhirā dhammā . . . . pe . . . .

Asaṃkhataṃ khandhato ṭhapetvā catuhi khandhehi chahāyatanehi chahi dhātūhi saṃgahītā.

Katīhi asaṃgahītā?

Ekena khandhena chahāyatanehi dvādasahi dhātūhi asaṃgahītā.

316 Upādā dhammā . . . . pe . . . .

Ekena khandhena dasahāyatanehi dasahi dhātūhi saṃgahītā.

Katīhi asaṃgahītā?

Catuhi khandhehi dvīhāyatanehi aṭṭhahi dhātūhi asaṃgahītā.

317 No-upādā dhammā . . . . pe . . . .

Asaṃkhataṃ khandhato ṭhapetvā pañcahi khandhehi tīhāyatanehi navahi dhātūhi saṃgahītā.

Katīhi asaṃgahītā?

Na kehici khandhehi navahāyatanehi navahi dhātūhi asaṃgahītā.

318 Upādinnā dhammā . . . . pe . . . .

Pañcahi khandhehi ekādasahi āyatanehi sattarasahi dhātūhi saṃgahītā.

Katīhi asaṃgahītā?

Na kehici khandhehi ekenāyatanena ekāya dhātuyā asaṃgahītā.

319 Anupādinnā dhammā . . . . pe . . . .

Asaṃkhataṃ khandhato ṭhapetva pañcahi khandhehi sattahāyatanehi aṭṭhahi dhātūhi saṃgahītā.

Katīhi asaṃgahītā?

Na kehici khandhehi pañcahāyatanehi dasahi dhātūhi asaṃgahīta.

320–324 Upādānā dhammā—Kilesā dhammā—Kilesā c'eva saṃkilesikā dhammā — Kilesā c'eva saṃkiliṭṭhā dhamma—Kilesā c'eva kilesā-sampayuttā dhāmmā . . . . pe . . . .

Ekena khandhena ekenāyatanena ekāya dhātuyā saṃgahītā.

Katīhi asaṃgahītā?

Catuhi khandhehi ekādasahi āyatanehi sattarasahi dhātūhi asaṃgahītā.

325–327 No kilesā dhammā—Asaṃkiliṭṭhā dhammā—Kilesa-vippayuttā dhammā . . . . pe . . . .

Asaṃkhataṃ khandhato ṭhapetvā pañcahi khandhehi dvādasahi āyatanehi aṭṭhārasahi dhātūhi saṃgahītā.

Katīhi asaṃgahītā?

Na kehici khandhehi na kehici āyatanehi na kāhici dhātūhi asaṃgahītā.

328–330 Saṃkilesikā dhammā—Saṃkilesikā c'eva no ca kilesā dhamma—Kilesa-vippayuttā saṃkilesikā dhammā . . . . pe . . . .

Pañcahi khandhehi dvādasahi āyatanehi aṭṭhārasahi dhātūhi saṃgahītā.

Katīhi asaṃgahītā?

Na kehici khandhehi na kehici āyatanehi na kāhici dhātūhi asaṃgahītā.

331, 332 Asaṃkilesikā dhammā—Kilesa-vippayuttā asaṃkilesikā dhammā . . . . pe . . . .

Asaṃkhataṃ khandhato ṭhapetvā catuhi khandhehi dvīhāyatanehi dvīhi dhātūhi saṃgahītā.

Katīhi asaṃgahītā?

Ekena khandhena dasahāyatanehi soḷasahī dhātūhi asaṃgahītā.

333–336 Saṃkiliṭṭhā dhammā—Kilesa-sampayuttā dhamma—Saṃkiliṭṭhā c'eva no ca kilesā dhammā—Kilesa-sampayuttā c'eva no ca kilesā dhammā . . . . pe . . . .

Catuhi khandhehi dvīhāyatanehi dvīhi dhātūhi saṃgahītā.

Katīhi asamgahītā?

Ekena khandhena dasahāyatanehi soḷasahi dhātūhi asaṃgahītā.

337–340 Dassanena pahātabbā dhammā—Bhāvānāya pahātabbā dhammā—Dassanena pahātabbahetukā dhamma—Bhavānāya pahātabbahetukā dhammā . . . . pe . . . .

Catuhi khandhehi dvīhāyatanehi dvīhi dhātūhi saṃgahītā.

Katīhi asaṃgahītā?

Ekena khandhena dasahāyatanehi soḷasahi dhātūhi asaṃgahītā.

341–344 Na dassanena pahātabbā dhammā—Na bhāvanāya pahātabbā dhammā—Na dassanena pahātabbahetukā dhammā—Na bhāvanāya pahātabbahetukā dhammā . . . . pe . . . .

Asaṃkhataṃ khandhato ṭhapetvā pañcahi khandhehi dvādasahi āyatanehi aṭṭhārasahi dhātūhi saṃgahītā.

Katīhi asaṃgahītā?

Na kehici khandhehi na kehici āyatanehi na kāhici dhātūhi asaṃgahītā.

345, 346 Savitakkā dhammā—Savicārā dhammā . . . . pe . . . .

Catuhi khandhehi dvīhāyatanehi tīhi dhātūhi saṃgahītā.

Katīhi asaṃgahītā?

Ekena khandhena dasahāyatanehi paṇṇarasahi dhātūhi asaṃgahītā.

347, 348 Avitakkā dhammā—Avicārā dhammā . . . . pe . . . .

Asaṃkhataṃ khandhato ṭhapetvā pañcahi khandhehi dvādasahi āyatanehi sattarasahi dhātūhi saṃgahītā.

Katīhi asaṃgahītā?

Na kehici khandhehi na kehici āyatanehi ekāya dhātuyā asaṃgahītā.

349, 350 Sappītikā dhammā—Pītisahagatā dhammā . . . . pe . . . .

Catuhi khandhehi dvīhāyatanehi dvīhī dhātūhi saṃgahītā.

Katīhi asaṃgahītā?

Ekena khandhena dasahāyatanehi soḷasahi dhātūhi asaṃgahītā.

351–353 Asappītikā dhammā—Napītisahagatā dhammā—Nasukhasahagatā dhammā . . . . pe . . . .

Asaṃkhataṃ khandhato ṭhapetvā pañcahi khandhehi dvādasahi āyatanehi aṭṭhārasahi dhātūhi saṃgahītā.

Katīhi asaṃgahītā?

Na kehici khandhehi na kehici āyatanehi na kāhici dhātūhi asaṃgahītā.

354 Sukhasahagatā dhammā . . . . pe . . . .

Tīhi khandhehi dvihāyatanehi tīhi dhātūhi saṃgahītā.

Katīhi asaṃgahīta?

Dvīhi[1] khandhehi dasahāyatanehi paṇṇarasahi dhātūhi asaṃgahītā.

355 Upekhāsāhagatā dhammā . . . . pe . . . .

Tīhi khandhehi dvīhāyatanehi sattahi dhātūhi saṃgahītā.

Katīhi asaṃgahītā?

Dvīhi khandhehi dasahāyatanehi ekādasahi dhātūhi asaṃgahītā.

356 Na-upekhāsahagatā dhammā . . . . pe . . . .

Asaṃkhatam khandhato ṭhapetvā pañcahi khandhehi dvādasahi āyatanehi terasahi dhātūhi saṃgahītā.

Katīhi asaṃgahītā?

Na kehici khandhehi na kehici āyatanehi pañcahi dhātūhi asaṃgahītā.

Pañcahi dhātūhi asaṃgahītā.

357–359 Kāmāvacarā dhammā—Pariyāpannā dhammā—Sa-uttarā dhammā . . . . pe . . . .

Pañcahi khandhehi dvādasahi āyatanehi aṭṭhārasahi dhātūhi saṃgahītā.

Katīhi asamgahītā?

Na kehici khandhehi na kehici āyatanehi na kāhici dhātūhi asaṃgahītā.

360–362 Na kāmāvacarā dhammā — Apariyapannā dhammā—Anuttarā dhammā . . . . pe . . . .

Asaṃkhataṃ khandhato ṭhapetva catuhi khandhehi dvihāyatanehi dvīhi dhātūhi saṃgahītā.

Katīhi asaṃgahītā.

363–367 Rūpāvacarā dhammā—Arūpāvacarā dhammā—Nīyānikā dhammā—Niyatā dhammā—Saraṇā dhammā . . . . pe . . . .

[1] One MS. tīhi.

Catuhi khandhehi dvihāyatanehi dvīhi dhātūhi saṃgahītā.

Kātīhi asaṃgahītā?

Ekena khandhena dasahāyatanehi soḷasahi dhātūhi asaṃgahītā.

368–372 Na rūpāvacarā dhammā—Na arūpāvacarā dhammā—Aniyyānikā dhammā—Aniyatā dhammā—Asaraṇā dhamma . . . pe . . . .

Katīhi khandhehi katīhi āyatanehi katīhi dhātūhi asaṃgahītā?

Asaranā dhammā asaṃkhataṃ khandhato thapetvā pañcahi khandhehi dvādasahi āyatanehi aṭṭhārasahi dhātūhi saṃgahītā.

Katīhi asaṃgahītā?

Na kehici khandhehi na kehici āyatanehi na kāhici dhātūhi asaṃghahītā.

Saṃgahāsaṃgaha-pada-niddeso.

II.—Saṃgahītena Asaṃgahītaṃ.

1 Cakkāyatanena ye dhammā—Phoṭṭhabbāyatanena ye dhammā—Cakkhu-dhātuyā ye dhammā—Phoṭṭhabba-dhātuyā ye dhammā khandhasaṃgahena saṃgahītā āyatanasaṃgahena asaṃgahītā dhatusaṃgahena asaṃgahītā te dhammā katīhi khandhehi katīhāyatanehi katīhi dhātūhi asaṃgahītā?

Te dhammā catūhi khandhehi dvihāyatanehi aṭṭhahi dhātūhi asaṃgahītā.

2 Cakkhu-viññāṇa-dhātuyā ye dhammā—Sota-viññāṇa-dhātuyā ye dhammā—Ghāna-viññāṇa-dhātuyā ye dhammā—Jivhā-viññāṇa-dhātuyā ye dhammā—Kāya-viññāṇa-dhātuyā ye dhammā—Mano-dhātuyā ye dhammā—Mano-viññāṇa-dhātuyā ye dhammā khandhasaṃgahena saṃgahītā āyatanasaṃgahena saṃgahītā dhātusaṃgahena asaṃgahītā, te dhammā . . . . pe . . . .

Catuhi khandhehi ekādasahi āyatanehi dvādasahi dhātūhi asaṃgahītā.

3 Cakkhundriyena ye dhammā—Sotindriyena ye dhammā—Ghānindriyena ye dhammā—Jivhindriyena ye dhammā—Kāyindriyena ye dhammā—Itthindriyena ye dhammā—Purisindriyena ye dhammā khandhasamgahena saṃgahītā āyatanasaṃgahena asaṃgahītā dhātusaṃgahena asaṃgahītā te dhammā . . . . pe . . . .

Catuhi khandhehi dvīhāyatanehi aṭṭhahi dhātūhi asaṃgahītā.

4 Asaññabhavena ye dhammā—Ekavokārabhavena ye dhammā khandhasaṃgahena saṃgahītā āyatanasaṃgahena asaṃgahītā dhātusaṃgahena asaṃgahītā te dhammā . . . . pe . . . .

Catūhi khandhehi tīhāyatanehi navahi dhātūhi asaṃgahītā.

5 Paridevena ye dhammā—Sanidassana-sappaṭighehi dhammehi ye dhammā khandhāsaṃgahena saṃgahītā āyatanasaṃgahena asaṃgahītā dhātusaṃgahena asaṃgahītā te dhammā . . . . pe . . . .

Catuhi khandhehi dvihāyatanehi aṭṭhahi dhātūhi asaṃgahītā.

6 Anidassana-sappaṭighehi dhammehi ye dhammā khandhasaṃgahena saṃgahītā āyatana - saṃgahena asaṃgahītā dhātusaṃgahena asamgahītā te dhammā . . . . pe . . . .

Catuhi khandhehi dasahāyatanehi soḷasahi dhātūhi asamgahītā.

7 Sanidassanehi dhammehi ye dhammā khandhasaṃgahena saṃgahītā āyatanasaṃgahena asaṃgahītā dhātusaṃgahena asaṃgahītā te dhammā . . . . pe . . . .

Catuhi khandhehi dvīhi āyatanehi aṭṭhahi dhātūhi asaṃgahītā.

Sappaṭighehi dhammehi ye dhammā—Upādehi dhammehi ye dhammā khandhasaṃgahena saṃgahītā āyatanasaṃgahena asaṃgahītā dhātusamgahena asaṃgahītā te dhammā katīhi khandhehi katīhi āyatanehi katīhi dhātūhi asaṃgahītā?

Te dhammā catuhi khandhehi ekādasahi āyatanehi sattarasahi dhātūhi asamgahītā.

Dasāyatanā sāttarasadhātuyo
Sattindriyā asañña-bhavo ekavokāra-bhavo
Paridevo sanidassana-sappaṭighaṃ
Anidassanaṃ punar eva sappaṭighāṃ upādā ti.

Saṃgahītena āsaṃgahīta-pada-niddeso.

III.—Asaṃgahītena Saṃgahītaṃ.

1 Vedanākkhandhena ye dhammā—Saññākkhandhena ye dhammā—Saṃkhārakkhandhena ye dhammā—Samudayasaccena ye dhammā—Maggasaccena ye dhammā khandhasaṃgahena asaṃgahitā āyātanasaṃgahena saṃgahitā dhātusaṃgahena saṃgahītā te dhammā katīhi khandhehi katīhi āyatanehi katīhi dhātūhi saṃgahītā?

Te dhammā asaṃkhataṃ khandhato ṭhapetvā tīhi khandhehi ekenāyatanena ekāya dhātuyā saṃgahītā.

2 Nirodha-saccena ye dhammā khandha saṃgahena asaṃgahītā āyatanasaṃgahena asaṃgahītā dhātusaṃgahena saṃgahītā te dhammā . . . . pe . . . .

Catuhi khandhehi ekenāyatanena ekāya dhātuyā saṃgahītā.

3 Jīvitindriyena ye dhammā khandhasaṃgahena asaṃgahītā āyatanasaṃgahena saṃgahītā dhātusaṃgahena saṃgahītā te dhammā . . . . pe . . . .

Dvīhi khandhehi ekenāyatanena ēkaya dhātuyā saṃgahītā.

4 Itthindriyena ye dhammā—Purisindriyena ye dhamma—Sukhindriyena ye dhammā—Dukkhindriyena ye dhammā—Somanassindriyena ye dhammā—Domanassindriyena ye dhammā—Upekhindriyena ye dhammā—Saddhindriyena ye dhammā—Viriyindriyena ye dhammā—Satindriyena ye dhammā—Samādhindriyena ye dhammā—Paññindriyena ye dhammā—Anaññātaṃ nassāmitindriyena ye dhammā—Aññindriyena ye dhammā—Aññatāvindriyena ye dhammā—Avijjāya ye dhammā—Avijjā-paccayā saṃkhārena ye dhammā—Saḷāyatana-paccayā phassena ye dhammā—Phassa-paccayā vedanāya ye dhammā—Vedanā-

paccayā taṇhāya ye dhammā—Tanhā-paccayā upādanena ye dhammā—Kammabhavena ye dhammā khandhasaṃgahena asaṃgahītā āyatanasaṃgahena saṃgahītā dhātusaṃgahena saṃgahītā te dhammā . . . . pe . . . .

Asaṃkhataṃ khandhato ṭhapetva tīhi khandhehi ekenāyatanena ekāya dhātuyā saṃgahītā.

5 Jatiyā ye dhāmmā—Jarāya ye dhammā—Maraṇena ye dhammā—Jhānena ye dhammā khandhasaṃgahena asaṃgahītā āyatanasaṃgahena saṃgahītā dhātusaṃgahena saṃgahītā te dhammā . . . . pe . . . .

Asaṃkhataṃ khandhato ṭhapetvā dvīhi khandhehi ekenāyatanena ekāya dhātuyā saṃgahītā.

6 Sokena ye dhammā—Dukkhena ye dhammā—Domanassena ye dhammā—Upāyāsena ye dhammā—Satipaṭṭhānena ye dhammā—Sammappadhānena ye dhammā—Appamaññāya ye dhammā—Pañcahi indriyehi ye dhammā—Pañcahi balehi ye dhammā—Sattahi bojjhaṃgehi ye dhammā—Ariyena aṭṭhaṃgikena maggena ye dhammā—Phassena ye dhammā—Vedanāya ye dhammā—Saññāya ye dhammā—Cetanāya ye dhammā—Adhimokkhena ye dhammā—Manasikārena ye dhammā—Hetuhi dhammehi ye dhammā—Hetu-c'eva-sahetukehi dhammehi ye dhammā—Sahetu-c'eva-hetu-sampayuttehi dhammehi ye dhammā khandhasaṃgahena asaṃgahītā āyatanasaṃgahena saṃgahita dhātusaṃgahena saṃgahītā te dhammā . . . . pe . . . .

Asaṃkhataṃ khandhato thapetvā tīhi khandhehi ekenāyatanena ekāya dhātuyā saṃgahītā.

7 Appaccayehi dhammehi ye dhammā—Asaṃkhatehi dhammehi ye dhammā khandhasaṃgahena asaṃgahītā āyatanasaṃgahena saṃgahītā dhātusaṃgahena samgahītā te dhammā . . . . pe . . . .

Catuhi khandhehi ekenāyatanena ekāya dhātuyā saṃgahītā.

8 Āsavehi dhammehi ye dhammā—Āsavā-ceva-sāsavehi dhammehi ye dhammā—Āsavā-ceva-āsava-sampayuttehi dhammehi ye dhammā khandhasaṃgahena asaṃgahītā āyatanasaṃgahena saṃgahītā dhātusaṃgahena samgahītā te dhammā . . . . pe . . . .

Asaṃkhataṃ khandhato ṭhapetvā tīhi khandhehi ekenāyatanena ekāya dhātuyā saṃgahītā.

9 Saññojanehi dhammehi ye dhammā—Ganthehi—Oghehi—Yogehi—Nīvaraṇehi—Parāmāsehi dhammehi ye dhammā—Parāmāsā c'eva parāmaṭṭhehi dhammehi ye dhammā khandhasaṃgahena asaṃgahīta āyatanasaṃgahena asaṃgahītā dhātusaṃgahena saṃgahitā te dhammā . . . . pe . . . .

Asaṃkhataṃ khandhato ṭhapetvā tīhi khandhehi ekenāyatanena ekāya dhātuyā saṃgahītā.

10 Cetasikehi dhammehi ye dhammā—Citta-sampayuttehi dhammehi ye dhammā—Citta-saṃsaṭṭhehi dhammehi ye dhammā—Citta-saṃsaṭṭha-samuṭṭhānehi dhammehi ye dhammā — Citta-saṃsaṭṭha-samuṭṭhāna-sahabhūhi dhammehi ye dhammā — Citta-samsaṭṭha-samuṭṭhānānuparivattīhi dhammehi ye dhammā khandhasaṃgahena asaṃgahītā āyatanasaṃgahena saṃgahītā dhātusaṃgahena saṃgahītā te dhammā . . . . pe . . . .

Asaṃkhataṃ khandhato ṭhapetvā ekena khandhena ekenāyatanena ekāya dhātuyā saṃgahītā.

11 Citta-sahabhūhi dhammehi ye dhammā—Cittānuparivattīhi dhammehi ye dhammā khandhasaṃgahena asaṃgahītā āyatanasaṃgahena saṃgahītā dhātusaṃgahena saṃgahītā te dhammā . . . . pe . . . .

Na kehici khandhehi ekenāyatanena ekāya dhātuyā saṃgahītā.

12 Upādānehi dhammehi ye dhammā—Kilesehi dhammehi ye dhammā—Kilesā c'eva saṃkilesehi dhammehi ye dhammā—Kilesā c'eva saṃkiliṭṭhehi dhammehi ye dhammā—Kilesā c'eva kilesa-sampayuttehi dhammehi ye dhammā khandhasaṃgahena asaṃgahītā āyatanasaṃgahena saṃgahītā dhātusaṃgahena saṃgahītā te dhammā katīhi khandhehi katīhāyatanehi katīhi dhātūhi saṃgahītā?

Te dhammā asaṃkhataṃ khandhato ṭhapetvā tīhi khandhehi ekenāyatanena ekāya dhātuyā saṃgahītā.

Asaṃgahitena saṃgahīta-pada-niddeso.

IV.—Saṃgahītena Saṃgahītaṃ.

1 Samudaya-saccena ye dhammā—Magga-saccena ye dhammā khandhasaṃgahena saṃgahītā āyatanasaṃgahena saṃgahītā dhātusaṃgahena saṃgahītā tehi dhammehi ye dhammā khandhasaṃgahena saṃgahītā āyatana-saṃgahena saṃgahītā dhātusaṃgahena saṃgahītā te dhamma katīhi khandhehi katīhi āyatanehi katīhi dhātūhi saṃgahītā?

Te dhammā ekena khandhena ekenāyatanena ekāya dhātuyā saṃgahītā.

2 Itthindriyena ye dhammā—Purisindriyena ye dhammā — Sukhindriyena ye dhammā — Dukkhindriyena ye dhammā—Somanassindriyena ye dhammā—Domanassindriyena ye dhammā—Upekhindriyena ye dhammā—Saddhindriyena ye dhammā—Viriyindriyena ye dhammā—Satindriyena ye dhammā—Samādhindriyena ye dhammā—Paññindriyena ye dhammā—Anaññātaṃ ñassāmitindriyena ye dhammā—Aññindriyena ye dhammā—Aññatāvindriyena ye dhammā—Avijjāya ye dhammā—Avijjā-paccayā saṃkhārena ye dhammā—Saḷayatana-paccayā phassena ye dhammā—Vedanā-paccayā taṇhāya ye dhammā—Taṇhā-paccayā upādānena ye dhammā—Kamma-bhavena ye dhammā—Sokena ye dhammā—Paridevena ye dhammā—Dukkhena ye dhammā—Domanassena ye dhammā—Upāyāsena ye dhammā—Satipaṭṭhānena ye dhammā—Sammappadhānena ye dhammā—Appamaññāya ye dhammā—Pañcahi indriyehi ye dhammā—Pañcahi balehi ye dhammā—Sattahi bojjhaṃgehi ye dhammā—Ariyena atthaṃgikena maggena ye dhammā—Phassena ye dhammā—Cetanāya ye dhammā—Adhimokkhena ye dhammā—Manasikārena ye

dhammā—Hetuhi dhammehi ye dhammā—Hetu c'eva sahetukehi dhammehi ye dhammā—Hetu c'eva hetusampayuttehi dhammehi ye dhammā—Āsavehi—Saññojanehi—Ganthehi—Oghehi—Yogehi—Nīvaraṇehi—Parāmāsehi—Upādānehi dhammehi ye dhammā—Kilesā c'eva saṃkilesakehi dhammehi ye dhammā—Kilesā c'eva kilesasampayuttehi dhammehi ye dhammā khandhasaṃgahena saṃgahītā āyatanasaṃgahena saṃgahītā dhātusaṃgahena saṃgahītā tehi dhammehi ye dhammā khandhasaṃgahena . . . . pe . . . . saṃgahitā te dhammā . . . . pe . . . .

Te dhammā ekena khandhena ekenāyatanena ekāya dhātuyā saṃgahītā.

Dve saccā pannarasindriyāni ekādasa paṭiccasamuppādā uddhaṃ puna ekādasa gocchakapadam ettha tiṃsavidhan ti.

Saṃgahītena saṃgahītā-pada-niddeso.

V.—Asaṃgahītena Asaṃgahītaṃ.

1 Rūpakkhandhena ye dhammā khandhasaṃgahena asaṃgahītā āyatanasaṃgahena asaṃgahītā dhātusaṃgahena asaṃgahītā tehi dhammehi ye dhammā khandhasaṃgahena asaṃgahītā āyatanasaṃgahena asaṃgahītā dhātusaṃgahena asaṃgahītā te dhammā katīhi khandhehi kathīhi āyatanehi katīhi dhātūhi asaṃgahītā?

Te dhammā ekena khandhena ekenāyatanena sattahi dhātūhi asaṃgahītā.

2 Vedanākhandhena ye dhammā—Saññākhandhena ye dhammā—Saṃkhārakkhandhena ye dhammā khandhasaṃgahena asaṃgahītā āyatanasaṃgahena asaṃgahītā dhatusaṃgahena asaṃgahītā tehi dhammehi ye dhammā . . . . pe . . . . te dhammā . . . . pe . . . .

Dvīhi khandhehi ekādasahi āyatanehi sattarasahi dhātūhi asaṃgahītā.

3 Viññāṇakkhandhena ye dhammā—Manāyatanena ye dhammā—Cakkhu-viññāṇa-dhātuya ye dhammā—Mano-viññāṇa-dhātuya ye dhammā—Manindriyena ye dhammā khandhasaṃgahena asaṃgahītā āyatanasaṃgahena asaṃgahītā dhātusaṃgahena asaṃgahītā tehi dhammehi ye dhammā . . . . pe . . . . te dhammā . . . . pe . . . .

Catuhi khandhehi ekādasahi āyatanehi ekādasahi dhātūhi asaṃgahītā.

4 Cakkhāyatanena ye dhammā—Phoṭṭhabbhāyatanena ye dhammā—Cakkhu-dhātuyā ye dhammā—Phoṭṭhabba-dhātuyā ye dhamma — Khandhasaṃgahena asaṃgahītā āyatanasaṃgahena asaṃgahītā dhātusaṃgahena asaṃgahītā tehi dhammehi ye dhamma . . . . pe . . . . te dhammā . . . . pe . . . .

Catuhi khandhehi divīhāyatanehi aṭṭhahi dhātūhi asaṃgahītā.

5 Dhammāyatanena ye dhammā—Dhamma-dhātuyā ye dhammā—Itthindriyena ye dhammā—Purisindriyena ye dhammā—Jīvitindriyena ye dhammā khandhasaṃgahena asaṃgahītā āyatanasaṃgahena asaṃgahītā dhātusaṃgahena asaṃgahītā tehi dhammehi ye dhammā . . . . pe . . . . te dhammā . . . . pe . . . .

Ekena khandhena ekenāyatanena sattahi dhātūhi asaṃgahītā.

6 Samudayasaccena ye dhammā — Maggasaccena ye dhammā—Nirodhasaccena ye dhammā khandhasaṃgahena asaṃgahītā āyatanasaṃgahena asaṃgahītā dhātusaṃgahena asaṃgahītā tehi dhammehi ye dhammā . . . . pe . . . . te dhammā . . . . pe . . . .

Dvīhi khandhehi ekādasahi āyatanehi sattarasahi dhātūhi asaṃgahītā.

7 Cakkundriyena ye dhammā—Kāyindriyena ye dhammā khandhasaṃgahena asaṃgahītā āyatanasaṃgahena asaṃgahītā dhātusaṃgahena asaṃgahītā tehi dhammehi ye dhammā . . . . pe . . . . te dhammā . . . . pe . . . .

Catuhi khandhehi dvīhāyatanehi aṭṭhārasahi dhātūhi asaṃgahītā.

8 Manindriyena ye dhammā khandhasaṃgahena asaṃgahītā āyatanasaṃgahena asaṃgahītā dhātusaṃgahena asaṃgahītā tehi dhammehi ye dhammā . . . . pe . . . . te dhammā . . . . pe . . . .

Catuhi khandhehi ekādasahi āyatanehi ekādasahi dhātūhi asaṃgahītā.

9 Sukhindriyena ye dhammā—Dukkhindriyena ye dhammā—Somanassindriyena ye dhammā—Domanassindriyena ye dhammā—Upekkhindriyena ye dhammā—Saddhindriyena ye dhammā—Viriyindriyena ye dhammā—Satindriyena ye dhammā—Samādhindriyena ye dhammā—Paññindriyena ye dhammā—Anaññātaṃ ñassāmitindriyena ye dhammā—Aññindriyena ye dhammā—Aññatāvindriyena ye dhammā—Avijjāya ye dhammā—Avijjā-paccayā saṃkhārena ye dhammā khandhasaṃgahena asaṃgahītā āyatana-

saṃgahena asaṃgahītā dhātusaṃgahena asaṃgahītā tehi dhammehi ye dhammā . . . . pe . . . . te dhammā . . . . pe . . . .

Dvīhi khandhehi ekādasahi āyatanehi sattarasahi dhātūhi asaṃgahītā.

10 Saṃkhāra-paccayā viññāṇena ye dhammā khandhasaṃgahena asaṃgahītā āyatanasaṃgahena asaṃgahītā dhātusaṃgahena asaṃgahītā tehi dhammehi ye dhammā . . . . pe . . . . te dhammā . . . . pe . . . .

Catuhi khandhehi ekādasahi āyatanehi ekādasahi dhātūhi asaṃgahītā.

11 Viññāṇa-paccayā nāmarupena ye dhammā khandhasaṃgahena asaṃgahītā āyatanasaṃgahena asaṃgahītā dhātusaṃgahena asaṃgahītā tehi dhammehi ye dhammā . . . . pe . . . . te dhammā . . . . pe . . . .

Tīhi khandhehi ekenāyatanena ekāya dhātuyā asaṃgahītā.

12 Saḷāyatana-paccayā phassena ye dhammā—Phassa-paccayā vedanāya ye dhammā—Vedanā-paccayā taṇhayā ye dhammā—Taṇhā-paccayā upādānena ye dhāmma—Kamma-bhavena ye dhammā khandhasaṃgahena asaṃgahītā āyatanasaṃgahena asaṃgahītā dhātusaṃgahena asaṃgahītā tehi dhammehi ye dhammā . . . . pe . . . . te dhammā . . . . pe . . . .

Dvīhi khandhehi ekādasahi āyatanehi sattarasahi dhātūhi asaṃgahītā.

13 Arūpa-bhavena ye dhammā—Nevasaññānāsaññā-bhavena ye dhammā—Catu-vokara-bhavena ye dhammā—Iddhi-pādena ye dhammā khandhasaṃgahena asaṃgahītā āyatanasaṃgahena asaṃgahītā dhātusaṃgahena asaṃgahītā tehi dhammehi ye dhammā . . . . pe . . . . te dhammā . . . . pe . . . .

Ekena khandhena dasahāyatanehi dasahi dhātūhi asaṃgahītā.

14 Asañña-bhavena ye dhammā—Ekavokāra-bhavena ye dhammā—Jātiyā ye dhammā—Jarāya ye dhammā—Maraṇena ye dhammā khandhasaṃgahena asaṃgahītā āyatanasaṃgahena asaṃgahītā dhātusaṃgahena asaṃga-

hītā tehi dhammehi ye dhammā . . . . pe . . . . te dhammā . . . . pe . . . .

Ekena khandhena ekāyatanena sattahi dhātūhi asaṃgahītā.

15 Paridevena ye dhammā khandhasaṃgahena asaṃgahītā āyatanasaṃgahena asaṃgahītā dhātusaṃgahena asaṃgahītā tehi dhammehi ye dhammā . . . . pe . . . . te dhammā . . . . pe . . . .

Catuhi khandhehi dvīhāyatanehi aṭṭhahi dhātūhi asaṃgahītā.

16 Sokena ye dhammā—Dukkhena ye dhammā—Domanassena ye dhammā—Upāyasena ye dhammā—Satipaṭṭhānena ye dhammā — Sammappadhānena ye dhammā—Jhānena ye dhammā—Appamaññāya ye dhammā—Pañcahi indriyehi ye dhammā—Pañcahi balehi ye dhammā—Sattahi bhojjhaṇgehi ye dhammā—Ariyena aṭṭhaṃgikena maggena ye dhammā—Phassena ye dhammā—Vedanāya ye dhammā—Saññāya ye dhammā—Cetanāya ye dhammā—Adhimokkhena ye dhammā—Manasikārena ye dhammā—Khandhasaṃgahena asaṃgahītā āyatanasaṃgahena asaṃgahītā dhātusaṃgahena asaṃgahītā tehi dhammehi ye dhammā . . . . pe . . . . te dhammā . . . . pe . . . .

Dvīhi khandhehi ekādasahi āyatanehi sattarasahi dhātūhi asaṃgahītā.

17 Cittena ye dhammā khandhasaṃgahena asaṃgahītā āyatanasaṃgahena asaṃgahītā dhātusaṃgahena asaṃgahītā tehi dhammehi ye dhammā . . . . pe . . . . te dhammā . . . . pe . . . .

Catuhi khandhehi ekādasahi āyatanehi ekādasahi dhātūhi asaṃgahītā.

18 Kusalehi dhammehi ye dhammā—Akusalehi dhammehi ye dhammā—Sukhāya vedanāya sampayuttehi dhammehi ye dhammā—Dukkhāya vedanāya sampayuttehi dhammehi ye dhammā — Adukkhamasukhāya vedanāya sampayuttehi dhammehi ye dhammā—Vipākehi dhammehi ye dhammā — Vipākadhammadhammehi ye dhammā—Anupādinna-anupādaniyehi dhammehi ye dhammā—Saṃkiliṭṭha-saṃkilesikehi dhammehi ye dhammā—Asamkiliṭ-

ṭha-asaṃkilesikehi dhammehi ye dhammā—Savitakka-savicārehi dhammehi ye dhammā—Avitakka-vicāramattehi dhammehi ye dhammā—Pīti-sahagatehi dhammehi ye dhammā — Sukha-sahagatehi dhammehi ye dhammā—Upekhā-sahagatehi dhammehi ye dhamma—Dassanena pahātabbehi dhammehi ye dhammā—Bhāvanaya pahātabbehi dhammehi ye dhammā—Dassanena pahātabba-hetukehi dhammehi ye dhammā — Bhāvanāya pahatabba-hetukehi dhammehi ye dhammā —Ācayagāmihi dhammehi ye dhammā—Apacayagāmihi dhammehi ye dhammā—Sekkhehi dhammehi ye dhammā—Asekkhehi dhammehi ye dhammā—Mahaggatehi dhammehi ye dhammā—Appamāṇehi dhammehi ye dhammā—Parittārammaṇehi dhammehi ye dhammā—Mahaggatārammaṇehi dhammehi ye dhammā —Appamāṇārammaṇehi dhammehi ye dhammā—Hīnehi dhammehi ye dhammā—Panītehi dhammehi ye dhammā—Micchatta-niyatehi dhammehi ye dhammā—Sammatta-niyatehi dhammehi ye dhammā—Maggārammaṇehi dhammehi ye dhammā—Maggahetukehi dhammehi ye dhammā —Maggādhipatīhi dhammehi yedhammā—Atītārammaṇehi dhammehi ye dhammā—Anāgatārammaṇehi dhammehi ye dhammā—Paccuppannārammaṇehi dhammehi ye dhammā —Ajjhattārammaṇehi dhammehi ye. dhammā—Bahiddhārammaṇehi dhammehi ye dhammā—Ajjhattabahiddhārammaṇehi dhammehi ye dhammā khandhasaṃgahena asaṃgahītā āyatanasaṃgahena asaṃgahītā dhātusaṃgahena asaṃgahītā tehi dhammehi ye dhammā . . . . pe . . . . te dhammā . . . . pe . . . .

Ekena khandhena dasahāyataṇehi dasahi dhātūhi asaṃgahītā.

19 Sanidassana-sappaṭighehi dhammehi ye dhammā—Anidassana-sappaṭighehi dhammehi ye dhammā khandhasaṃgahena asaṃgahītā āyatanasaṃgahena asaṃgahītā dhātasaṃgahena asaṃgahītā tehi dhammehi ye dhammā . . . . pe . . . . te dhammā . . . . pe . . . .

Catuhi khandhehi dvīhāyatanehi aṭṭhaḥi dhātūhi asaṃgahītā.

20 Hetuhi dhammehi ye dhammā—Hetu c'eva sahetukehi

dhammehi ye dhammā—Hetu c'eva hetu-sampayuttehi dhammehi ye dhammā khandhasaṃgahena asaṃgahītā āyatanasaṃgahena asaṃgahītā dhātusaṃgahena asaṃgahītā tehi dhammehi ye dhammā . . . . pe . . . . te dhammā . . . . pe . . . .

Dvīhi khandhehi ekādasahi āyatanehi sattarasahi dhātūhi asaṃgahītā.

21 Sahetukehi dhammehi ye dhammā—Hetu-saṃpayuttehi dhammehi ye dhammā—Sahetukā c'eva na ca hetuhi dhammehi ye dhammā—Hetu-saṃpayuttā ceva na ca hetuhi dhammehi ye dhammā—Nahetu-sahetukehi dhammehi ye dhammā khandhasaṃgahena asaṃgahītā āyatanasaṃgahena asaṃgahītā dhātusaṃgahena asaṃgahītā tehi dhammehi ye dhammā . . . . pe . . . . te dhammā . . . . pe . . . .

Ekena khandhena dasahāyatanehi dasahi dhātūhi asaṃgahītā.

22 Appaccayehi dhammehi ye dhammā—Asaṃkhatehi dhammehi ye dhammā khandhasaṃgahena asaṃgahītā āyatanasaṃgahena asaṃgahītā dhātusaṃgahena asaṃgahītā tehi dhammehi ye dhammā . . . . pe . . . te dhammā . . . . pe . . . .

Dvīhi khandhehi ekādasahi āyatanehi sattarasahi dhātūhi asaṃgahītā.

23 Sanidassanehi dhammehi ye dhammā—Sappaṭighehi dhammehi ye dhammā khandhasaṃgahena asaṃgahītā ayātanasaṃgahena asaṃgahītā dhātusaṃgahena asaṃgahītā tehi dhammehi ye dhammā . . . . pe . . . . te dhammā . . . . pe . . . .

Catuhi khandhehi dvīhāyatanehi aṭṭhahi dhātūhi asaṃgahītā.

24 Rupīhi dhammehi ye dhammā khandhasaṃgahena asaṃgahītā āyatānasaṃgahena asaṃgahītā dhātusaṃgahena asaṃgahītā tehi dhammehi ye dhammā . . . . pe . . . . te dhammā . . . . pe . . . .

Ekena khandhena ekenāyatanena sattahi dhātūhi asaṃgahītā.

25 Arūpīhi dhammehi ye dhammā—Lokuttarehi dham-

mehi ye dhammā khandhasaṃgahena asaṃgahītā āyatanasaṃgahena asaṃgahītā dhātusaṃgahena asaṃgahītā tehi dhammehi ye dhammā . . . . pe . . . . te dhammā . . . . pe . . . .

Ekena khandhena dasahāyatanehi dasahi dhātūhi asaṃgahītā.

26 Āsavehi dhammehi ye dhammā—Āsavā c'eva sāsavehi dhammehi ye dhammā—Āsavā c'eva āsava-sampayuttehi dhammehi ye dhammā khandhasaṃgahena asaṃgahītā āyatanasaṃgahena asaṃgahītā dhātusaṃgahena asaṃgahītā tehi dhammehi ye dhammā . . . . pe . . . . te dhammā . . . . pe . . . .

Dvīhi khandhehi ekādasahi āyatanehi sattarasahi dhātūhi asaṃgahītā.

27 Anāsavehi dhammehi ye dhammā—Āsava-sampayuttehi dhammehi ye dhammā—Āsava-sampayuttā c'eva no ca āsavehi dhammehi ye dhammā — Āsava-vippayuttā anāsavehi dhammehi ye dhammā khandhasaṃgahena asaṃgahītā āyatanasaṃgahena asaṃgahītā dhātūsaṃgahena asaṃgahītā tehi dhammehi ye dhammā . . . . pe . . . . te dhammā . . . . pe . . . .

Ekena khandhena dasahāyatanehi dasahi dhātuhi asaṃgahītā.

28 Saṃyojanehi dhammehi ye dhammā — Ganthehi dhammehi ye dhammā—Oghehi dhammehi ye dhammā—Yogehi dhammehi ye dhammā—Nīvaraṇehi dhammehi ye dhammā—Parāmāsehi dhammehi ye dhammā—Parāmāsā c'eva parāmaṭṭhehi dhammehi ye dhammā khandhasaṃgahena asaṃgahītā āyatanasaṃgahena asamgahītā dhātusaṃgahena asaṃgahītā tehi dhammehi ye dhammā . . . . pe . . . . te dhammā . . . . pe . . . .

Dvīhi khandhehi ekādasahi āyatanehi sattarasahi dhātūhi asaṃgahītā.

29 Aparāmaṭṭhehi dhammehi ye dhammā—Parāmasāsampayuttehi dhammehi ye dhammā — Parāmāsa-vippayuttehi aparāmaṭṭehi dhammehi ye dhammā—Sārammaṇehi dhammehi ye dhammā khandhasaṃgahena asaṃgahītā āyatanasaṃgahena asaṃgahītā dhātusaṃgahena asaṃga-

hitā tehi dhammehi ye dhammā . . . . pe . . . . te dhammā . . . . pe . . . .

Ekena khandhena dasahāyatanehi dasahi dhātūhi asaṃgahītā.

30 Anārammaṇehi dhammehi ye dhammā—Nocittehi dhammehi ye dhammā—Citta-vippayuttehi dhammehi ye dhammā—Citta-visamsaṭṭhehi dhammehi ye dhammā—Citta-samuṭṭhānehi dhammehi ye dhammā—Citta-sahabhūhi dhammehi ye dhammā—Cittānuparivattīhi dhammehi ye dhammā—Bāhirehi dhammehi ye dhammā—Upādāhi dhammehi ye dhammā khandhasaṃgahena asamgahītā āyatanasaṃgahena asaṃgahītā dhātusaṃgahena asaṃgahītā tehi dhammehi ye dhammā . . . . pe . . . . te dhammā . . . . pe . . . .

Ekena khandhena ekenāyatanena sattahi dhātuhi asaṃgahītā.

31 Cittehi dhammehi ye dhammā khandhasaṃgahena asaṃgahītā āyatanasaṃgahena asaṃgahītā dhātusamgahena asaṃgahītā tehi dhammehi ye dhammā . . . . pe . . . . te dhammā . . . . pe . . . .

Catuhi khandhehi ekādasahi āyatanehi ekādasahi dhātūhi asaṃgahītā.

32 Cetasikehi dhammehi ye dhammā—Citta-sampayuttehi dhammehi ye dhammā—Citta-saṃsaṭṭhehi dhammehi ye dhammā—Citta saṃsaṭṭha-samuṭṭhānehi dhammehi ye dhammā—Citta-saṃsaṭṭha-samuṭṭhāna-sahabhūhi dhammehi ye dhammā—Citta-saṃsaṭṭha-samuṭṭhānānuparivattīhi dhammehi ye dhammā khandhasaṃgahena asaṃgahītā āyatanasaṃgahena asaṃgahītā dhātusaṃgahena asaṃgahītā tehi dhammehi ye dhammā . . . . pe . . . . te dhammā . . . . pe . . . .

Dvīhi khandhehi ekādasahi āyatanehi sattarasahi dhātuhi asaṃgahītā.

33 Ajjhattikehi dhammehi ye dhammā khandasaṃgahena asaṃgahītā āyatanasaṃgahena asaṃgahītā dhātusaṃgahena asaṃgahītā tehi dhammehi ye dhammā . . . . pe . . . . te dhammā . . . . pe . . . .

Tīhi khandhehi ekenāyatanena ekāya dhātuyā asaṃgahītā.

Upādānehi dhammehi ye dhammā.

34 Kilesehi dhammehi ye dhammā—Kilesā c'eva saṃkilesikehi dhammehi ye dhammā—Kilesā c'eva saṃkiliṭṭhehi dhammehi ye dhammā—Kilesā c'eva kilesa-sampayuttehi dhammehi ye dhammā khandhasaṃgahena asaṃgahītā āyatanasaṃgahena asaṃgahītā dhātusaṃgahena asaṃgahītā tehi dhammehi ye dhammā . . . . pe . . . . te dhammā . . . . pe . . . .

Dvīhi khandhehi ekādasahi āyatanehi sattarasahi dhātūhi asaṃgahītā.

35 Asaṃkilesikehi dhammehi ye dhammā . . . .
Asaṃkiliṭṭhehi dhammehi ye dhammā . . . .
Kilesa-sampayuttehi dhammehi ye dhammā . . . .
Saṃkiliṭṭhā c'eva no ca kilesehi dhammehi ye dhammā . . .
Kilesa-sampayuttā c'eva no ca kilesehi dhammehi ye dhammā . . . .
Kilesa-vippayuttā asaṃkilesikehi dhammehi ye dhammā . . .
Dassanena pahātabbehi dhammehi ye dhammā . . . .
Bhāvanāya pahātabbehi dhammehi ye dhammā . . . .
Dassanena pahātabba-hetukehi dhammehi ye dhammā . . .
Bhāvanāya pahātabba-hetukehi dhammehi ye dhammā . . .
Savitakkehi dhammehi ye dhammā . . . .
Savicārehi dhammehi ye dhammā . . . .
Sappītikehi dhammehi ye dhammā . . . .
Pītisahagatehi dhammehi ye dhammā . . . .
Sukha-sahagatehi dhammehi ye dhammā . . . .
Upekhā-sahagatehi dhammehi ye dhammā . . . .
Na kāmāvacarehi dhammehi ye dhammā . . . .
Rūpāvacarehi dhammehi ye dhammā . . . .
Arupāvacarehi dhammehi ye dhammā . . . .
Apariyāpannehi dhammehi ye dhammā . . . .
Niyyānikehi dhammehi ye dhammā . . . .
Niyatehi dhammehi ye dhammā . . . .
Anuttarehi dhammehi ye dhammā . . . .
Saraṇehi dhammehi ye dhamma khandhasaṃgahena asaṃgahītā āyatanasaṃgahena asaṃgahītā dhātusaṃgahena asaṃgahītā tehi dhammehi ye dhammā khandhasaṃgahena asaṃgahītā āyatanasaṃgahena asaṃgahītā

dhātusaṃgahena asaṃgahītā te dhammā katīhi khandhehi katīhāyatanehi katīhi dhātūhi asaṃgahītā?

Te dhammā ekena khandhena dasahāyatanehi dasahi dhātūhi asaṃgahītā.[1]

Rūpañ ca dhammāyatanaṃ dhammadhātu itthī[2] pumaṃ.
Jīvitaṃ namarūpaṃ dve bhavā jāti jarā [ca.][3]
Maccu rūpam anārammaṇaṃ[4] nocittena vippayuttaṃ.
Visaṃsaṭṭha-samuṭṭhāna-sahabhūhi[5] anuparivattī.
Bāhira upādā[6] dve vīsati esa nayo subuddho.

Asaṃgahītena asaṃgahīta-pada-niddeso.

---

[1] The following Uddāna recurs word for word (!) at the end of chapter xiii. Gun. divides the words here into eight, there into seven lines. The Uddāna which properly belongs here is given in the commentary on v. 1.

[2] Sb *omits.*

[3] *So* Sb Sd Gun. (*omitted in* chap. xiii. but vā *or* cā is inserted after the next word).

[4] Sb anārammaṇā (see v. 30).

[5] Sahabhu *in* chap. xiii. [6] Sb upadā (upādā *in* ch. xii.).

VI.—Sampayogo Vippayogo.

1 Rūpakkhandho katīhi khandhehi katīhi āyatanehi katīhī dhātūhi sampayutto ti?[1]

Natthi. Katīhi vippayutto?

Catuhi khandhehi ekenāyatanena sattahi dhātūhi vippayutto, ekenāyatanena ekāya dhātuyā kehici vippayutto.

2 Vedanākkhandho—Saññākkhando—Saṃkhārakkhando tīhi khandhehi ekenāyatanena sattahi dhātūhi sampayutto ekenāyatanena ekāya dhātuyā kehici sampayutto katīhi vippayutto?

Ekena khandhena dasahāyatanehi dasahi dhātūhi vippayutto, ekenāyatanena ekāya dhātuyā kehici vippayutto.

3 Viññāṇakkhandho tīhi khandhehi sampayutto ekenāyatanena ekāya dhātuyā kehici sampayutto katīhi vippayutto?

Ekena khandhena dasahāyatanehi dasahi dhātūhi vippayutto, ekenāyatanena ekāya dhātuyā kehici vippayutto.

4 Cakkhāyatanaṃ . . . . pe . . . . Phoṭṭhabbāyatanaṃ[2] . . . . pe . . . . [§ 1] sampayuttan ti?

Natthi. Katīhi vippayuttam? Catuhi khandhehi ekenāyatanena sattahi dhātūhi vippayuttaṃ ekenāyatanena ekāya dhātuyā kehici vippayuttaṃ.

5 Manāyatanaṃ[3] tīhi khandhehi sampayuttaṃ ekenāya-

---

[1] Sd Sb sampayuttehi; Gun. Sampayutto *and goes on* tinatthi katīhi, &c.

[2] Gun. Phottabbhā°; Sb Poṭṭhabbā° (*and so in* §6).

[3] Gun. adds . . . . pe . . . .

tanena ekāya dhātuyā kehici sampayuttaṃ, katīhi vippayuttaṃ?

Ekena khandhena dasahāyatanehi dasahi dhātūhi vippayuttaṃ ekenāyatanena ekāya dhātuyā kehici vippayuttaṃ.

6 Cakkhudhātu . . . . pe . . . . Phoṭṭhabbadhātu . . . . pe [§1] . . . . sampayuttā ti?

Natthi. Katīhi vippayuttā? Catuhi khandhehi ekenāyatanena sattahi dhātūhi vippayuttā ekenāyatanena ekāya dhātuyā kehici vippayuttā?

7 Cakkhuviññāṇadhātu . . . . pe . . . . Manodhātu manoviññāṇadhātu . . . . pe . . . . tīhi khandhehi sampayuttā ekenāyatanena ekāya dhātuyā kehici sampayuttā, katīhi vippayuttā?

Ekena khandhena dasahāyatanehi soḷasahi dhātuhi vippayuttā ekenāyatanena ekāya dhātuyā kehici vippayuttā.

8 Samudayasaccaṃ[1] maggasaccaṃ tīhī khandhehi ekenāyatanena ekāya dhātuyā sampayuttaṃ ekena khandhena ekenāyatanena ekāya dhātuyā kehici sampayuttaṃ, katīhi vippayuttaṃ?

Ekena khandhena dasahāyatanehi soḷasahi dhātūhi vippayuttaṃ ekenāyatanena ekāya dhātuyā kehici vippayuttaṃ.

9 Nirodhasaccaṃ — Cakkhundriyaṃ — Kāyindriyaṃ — Itthindriyaṃ—Purisindriyaṃ . . . pe . . . sampayuttaṃ? Natthi, katīhi vippayuttaṃ?

Catuhi khandhehi ekenāyatanena sattahi dhātūhi vippayuttaṃ ekena ayatanena ekāya dhātuyā kehici vippayuttaṃ.

10 Manindriyam tīhi khandhehi sampayuttaṃ ekenāyatanena ekāya dhātuyā kehici sampayuttam, katīhi vippayuttaṃ?

Ekena khandhena dasahāyatanehi dasahi dhātūhi vippayuttaṃ ekenāyatanena dhātuya kehici vippayuttaṃ.

11 Sukhindriyaṃ—Dukkhindriyaṃ —Somanasindriyaṃ —Domanasindriyaṃ tīhi khandhehi ekenāyatanena ekāya dhātuya sampayuttaṃ ekenāyatanena ekāya dhātuya kehici sampayuttaṃ, katīhi vippayuttaṃ?

---

[1] Sd Sb—saccena.

Ekena khandhena dasahāyatanehi soḷasahi dhātūhi vippayuttaṃ ekenāyatanena ekāya dhātuyā kehici vippayuttaṃ.

12 Upekhindriyaṃ tīhi khandehi ekenāyatanena chahi dhātūhi sampayuttaṃ ekenāyatanena ekāya dhātuyā kehici sampayuttaṃ, katīhi vippayuttaṃ?

Ekena khandhena dasahāyatanehi ekādasahi dhatūhi vippayuttaṃ ekenāyatanena ekāya dhātuyā kehici vippayuttaṃ.

13 Saddhindriyaṃ — Viriyindriyaṃ — Satindriyaṃ — Samādhindriyaṃ — Paññindriyaṃ — Anaññātaññassāmitindriyaṃ — Aññindriyaṃ — Aññātāvindriyaṃ — Avijjā — Avijjapaccayā saṃkhārā tīhi khandhehi ekenāyatanena ekāya dhātuyā sampayuttā ekena khandhena ekenāyatanena ekāya dhātuyā kehici sampayuttā, katīhi vippayuttā?

Ekena khandhena dasahāyatanehi soḷasahi dhātūhi vippayuttā ekenāyatanena ekāya dhātuyā kehici vippayuttā.

14 Saṃkhārapaccayā viññaṇam tīhi khandhehi sampayuttaṃ ekenāyatanena ekāya dhātuyā kehici sampayuttam, katīhi vippayuttaṃ?

Ekena khandhena dasahāyatanehi dasahi dhātūhi vippayuttaṃ ekenāyatanena ekāya dhātuyā kehici vippayuttaṃ.

15 Saḷāyatanapaccayā phasso tīhi khandhehi ekenāyatanena sattahi dhātūhi sampayutto ekena khandhena ekenāyatanena ekāya dhātuyā kehici sampayutto, katīhi vippayutto?

Ekena khandhena dasahāyatanehi dasahi dhātūhi vippayutto ekenayatanena ekāya dhātuyā kehici vippayutto.

16 Phassapaccayā vedanā tīhi khandhehi ekenāyatanena sattahi dhātūhi sampayuttā ekenāyatanena ekāya dhātuyā kehici sampayuttā, katīhi vippayuttā?

Ekena khandhena dasahāyatanehi dasahi dhātūhi vippayuttā ekenayatanena ekāya dhātuyā kehici vippayuttā.

17 Vedanāpaccayā taṇhā—Taṇhapaccayā upādānaṃ—Kammabhavo tīhi khandhehi ekanāyatanena ekāya dhātuyā sampayutto ekena khandhena ekenāyatanena ekāya dhātuyā kehici sāmpayutto, katīhi vippayutto?

Ekena khandhena dasahāyatanehi soḷasahi dhātūhi vippayutto ekenāyatanena ekāya dhātuyā kehici vippayutto.

18 Rūpa-bhavo . . . . pe . . . . sampayutto ti? Natthi. Katīhi vippayutto? Na kehici khandhehi na kehici āyatanehi tīhi dhātūhi vippayutto.

19 Arūpabhavo—Nevasaññānāsaññāyatanabhavo—Catuvokārabhavo . . . . pe . . . . sampayutto ti? Natthi. Katīhi vippayutto?

Ekena khandhena dasahāyatanehi soḷasahi dhātūhi vippayutto ekenāyatanena ekāya dhātuyā kehici vippayutto.

20 Asaññabhavo—Ekavokārabhavo—Paridevo . . . . pe . . . . sampayutto ti? Natthi. Katīhi vippayutto.

Catuhi khandhehi ekanāyatanena sattahi dhātūhi vippayutto ekenāyatanena ekāya dhātuyā kehici vippayutto.

21 Soko — Dukkham — Domanassaṃ tīhi khandhehi ekenāyatanena ekāya dhātuyā sampayuttaṃ ekena khandhena ekenāyatanena ekāya dhātuyā kehici sampayuttaṃ, katīhi vippayuttaṃ?

Ekena khandhena dasahāyatanehi soḷasahi dhātūhi vippayuttaṃ ekenāyatanena ekāya dhātuyā kehici vippayuttaṃ.

22 Upāyāso—Satipaṭṭhānaṃ—Sammappadhānaṃ tīhi khandhehi ekenāyatanena ekāya dhātuyā sampayuttaṁ ekena khandhena ekenāyatanena ekāya dhātuyā kehici sampayuttaṃ, katīhi vippayuttaṃ?

Ekena khandhena dasahāyatanehi soḷasahi dhātūhi vippayuttaṃ ekenāyatanena ekāya dhātuyā kehici vippayuttaṃ.

23 Iddhipādo dvīhi khandhehi sampayutto ekena khandhena ekena āyatanena ekāya dhātuyā kehici sampayutto, katīhi vippayutto?

Ekena khandhena dasahāyatanehi soḷasahi dhātūhi vippayutto ekenāyatanena ekāya dhātuyā kehici vippayutto.

24 Jhānaṃ dvīhi khandhehi ekenāyatanena ekāya dhātuyā sampayuttaṃ ekena khandhena ekenāyatanena ekāya dhātuyā kehici sampayuttaṃ, katīhi vippayuttaṃ?

Dasahāyatanehi soḷasahi dhātūhi vippayuttaṃ ekenāyatanena ekāya dhātuyā kehici vippayuttam.

25 Appamaññā—Paññindriyaṃ—Pañca balāni—Satta bhojjaṃgā—Ariyo aṭṭhaṃgiko maggo tīhi khandhehi ekena āyatanena ekāya dhātuyā sampayutto ekena khandhena ekenāyatanena ekāya dhātuyā kehici sampayutto, katīhi vippayutto ?

Ekena khandhena dasahāyatanehi soḷasahi dhātūhi vippayutto ekena āyatanena ekāya dhātuyā kehici vippayutto.

26 Phasso—Cetānā—Manasikāro tīhi khandhehi ekenāyatanena sattahi dhātūhi sampayutto ekena khandhena ekenāyatanena ekāya dhātuyā kehici sampayutto, katīhi vippayutto.

Ekena khandhena dasahāyatanehi dasahi dhātūhi vippayutto ekenāyatanena ekāya dhātuyā kehici vippayutto.

27 Vedanā—Saññā tīhi khandhehi ekenāyatanena sattahi dhātūhi sampayutto, ekenāyatanena ekāya dhātuyā kehici sampayutto, katīhi vippayuttā ?

Ekena khandhena dasahāyatanehi dasahi dhātūhi vippayuttā ekenāyatanena ekāya dhātuyā kehici vippayuttā.

28 Cittaṃ tīhi khandhehi sampayuttaṃ ekenāyatanena ekāya dhātuyā kehici sampayuttaṃ, katīhi vippayuttaṃ ?

Ekena khandhena dasahi āyatanehi dasahi dhātūhi vippayuttaṃ ekenāyatanena ekāya dhātuyā kehici vippayuttam.

29 Adhimokkho tīhi khandhehi ekenāyatanena dvīhi dhātūhi sampayutto ekena khandhena ekenāyatanena ekāya dhātuyā kehici sampayutto, katīhi vippayutto ?

Ekena khandhena dasahāyatanehi paṇṇarasahi dhātūhi vippayutto ekenāyatanena ekāya dhātuyā kehici vippayutto.

30 Kusalā dhammā—Akusalā dhammā katīhi khandhehi katīhi āyatanehi katīhi dhātūhi sampayuttā ti ? Natthi. Katīhi vippayuttā ?

Ekena khandhena dasahāyatanehi soḷasahi dhātūhi vippayuttā ekenāyatanena ekāya dhātuyā kehici vippayutta.

31 Sukhayā vedanāya sampayuttā dhammā—Dukkhāya vedanāya sampayuttā dhammā ekena khandhena sampa-

yuttā ekena āyatanena ekāya dhātuyā kehici sampayuttā, katīhi vippayuttā?

Ekena khandhena dasahāyatanehi paṇṇarasahi dhātūhi vippayuttā ekena āyatanena ekāya dhātuyā kehici vippayuttā.

32 Adukkhamasukhāya vedanāya sampayuttā dhammā ekena khandhena sampayuttā ekena āyatanena ekāya dhātuyā kehici sampāyuttā, katīhi vippayuttā?

Ekena khandhena dasahāyatanehi dasahi dhātūhi vippayuttā ekenāyatanena ekāya dhātuyā kehici vippayuttā.

33 Vipākā dhammā . . . pe § 30 . . . sampayuttā ti? Natthi. Katīhi vippayuttā?

Ekena khandhena dasahāyatanehi dasahi dhātūhi vippayuttā ekena āyatanena ekāya dhātuyā kehici vippayuttā.

34 Vipākadhāmmadhammā — Saṃkiliṭṭhasaṃkilesikā dhammā sampayuttā ti? Natthi. Katīhi vippayuttā?

Ekena khandhena dasahāyatanehi soḷasahi dhātūhi vippayuttāekenaāyatanena ekāya dhātuyā kehici vippayuttā.

35 Nevavipākanavipākadhammadhammā . . . . pe . . . . sampayutta ti? Natthi.

Katīhi vippayuttā? Na kehici khandhehi na kehici āyatanehi pañcahi dhātūhi vippayuttā.[1]

36 Anupādinna-anupādāniyā dhammā — Asaṃkiliṭṭha-asaṃkilesikā dhammā sampayuttā ti? Natthi. Katīhī vippayuttā?

Na kehici khandhehi na kehici āyatanehi chahi dhātūhi vippayuttā.

37 Savitakkasavicārā dhammā ekena khandhena ekenāyatanena ekāya dhātuyā kehici sampayuttā, katīhi vippayutta?

Ekena khandhena dasahāyatanehi paṇṇarasahi dhātūhi vippayuttā ekenāyatanena ekāya dhātuyā kehici vippayuttā.

38 Avitakkavicāramattā[2] dhammā—Pītisahagatā dham-

---

[1] Gun. *omits all except the first words of this section* (nevavipaka-navipaka-dhamma-dhammā), *thus putting them also into* § 36. *But see the comment.*

[2] Gun. Avitakka-avicāra- (*but see* § 39, *and Commentary on both* §§).

mā ekena khandhena ekāyatanena ekāya dhātuyā kehici sampayuttā, katīhi vippayuttā?

Ekena khandhena dasahāyatanehi soḷasahi dhātūhi vippayuttā ekena āyatanena ekāya dhātuyā kehici vippayutta.

39 Avitakka-avicārā dhammā sampayuttā ti? Natthi. Katīhi vippayuttā? Na kehici khandhehi na kehici āyatanehi ekāya dhātuyā vippayuttā.

40 Sukhasahagatā dhammā ekena khandhena sampayuttā ekena āyatanena ekāya dhātuyā kehici sampayuttā, katīhi vippayuttā?

Ekena khandhena dasahāyatanehi paṇṇarasahi dhātūhi vippayuttā ekenāyatanena ekāya dhātuyā kehici vippayuttā.

41 Upekhāsahagatā dhammā ekena khandhena sampayuttā ekenāyatanena ekāya dhātuyā kehici sampayuttā, katīhi vippayuttā?

Ekena khandhena dasahāyatanehi ekādasahi dhātūhi vippayuttā ekena āyatanena ekāya dhātuyā kehici vippayuttā.

42 Dassanena pahātabbā dhammā—Bhāvanāya pahātabbā dhammā—Dassanena pahātabba-hetukā dhammā—Bhāvanāya pahātabba-hetukā dhammā — Ācayagāmino dhammā—Apacayagāmino dhammā—Sekkhā dhammā — Asekkhā dhammā—Mahaggatā dhammā . . . . pe [§ 30] . . . . sampayuttā ti? Natthi. Katīhi vippayuttā?

Ekena khandhena dasahāyatanehi soḷasahi dhātūhi vippayuttā ekenāyatanena ekāya dhātuyā kehici vippayuttā.

43 Appamāṇā dhammā—Paṇītā dhammā . . . . sampayuttā ti? Natthi. Katīhi vippayuttā?

Na kehici khandehi na kehici āyatanehi chahi dhātūhi vippayuttā.

44 Parittārammaṇā dhammā . . . . sampayuttā ti? Natthi. Katīhi vippayuttā?

Ekena khandhena dasahāyatanehi dasahi dhātūhi vippayuttā ekenāyatanena ekāya dhātuyā kehici vippayuttā.

45 Mahaggatārammaṇā dhammā—Appamāṇārammaṇā dhammā — Hīnā dhammā — Micchattaniyatā dhammā — Sammattaniyatā dhammā — Maggārammaṇā dhammā —

Maggahetukā dhammā — Maggādhipatino dhammā . . . . sampayuttā ti? Natthi. Katīhi vippayuttā?

Ekena khandhena dasahāyatanehi soḷasahi dhātūhi vippayuttā ekenāyatanena ekāya dhātuyā kehici vippayuttā.

46 Anuppannā dhammā . . . . sampayuttā ti? Natthi. Katīhi vippayuttā?

Na kehici khandhehi na kehici āyatanehi pañcahi dhātūhi vippayuttā.

47 Atītārammaṇā dhammā — Anāgatārammaṇā dhammā . . . . sampayuttā ti? Natthi. Katihī vippayuttā?

Ekena khandhena dasahāyatanehi soḷasahi dhātūhi vippayuttā ekenāyatanena ekāya dhātuyā kehici vippayuttā.

48 Paccuppannārammaṇā dhammā—Ajjhattārammaṇā dhammā—Bahiddhārammaṇā dhammā—Ajjhattabahiddhārammaṇā dhammā . . . . sampayuttā ti? Natthi. Katīhi vippayuttā?

Ekena khandhena dasahāyatanehi dasahi dhātūhi vippayuttā ekenāyatanena ekāya dhātuyā kehici vippayuttā.

49 Sanidassana-sappaṭighā dhammā — Anidassana-sappaṭighā dhammā . . . . sampayuttā ti? Natthi. Katīhi vippayuttā?

Catuhi khandhehi ekenāyatanena ekayā dhātuyā kehici vippayuttā.

50 Hetudhammā—Hetu c'eva sahetukā dhammā—Hetu c'eva hetusampayuttā dhammā tīhi khandhehi ekenāyatanena ekāya dhātuyā sampayuttā ekena khandhena ekenāyatanena ekāya dhātuyā kehici sampayuttā, katīhi vippayuttā?

Ekena khandhena dasahāyatanehi soḷasahi dhātūhi vippayuttā ekenāyatanena ekāya dhātuyā kehici vippayuttā?

51 Sahetukā dhammā—Hetusampayuttā dhammā . . . . sampayuttā ti? Natthi. Katīhi vippayuttā?

Ekena khandhena dasahāyatanehi soḷasahi dhātūhi vippayuttā ekenāyatanena ekāya dhātuyā kehici vippayuttā.

52 Sahetukā c'eva na ca hetudhammā—Hetusampayuttā c'eva na ca hetudhammā—Na hetukā sahetukā dhammā ekena khandhena ekenāyatanena ekāya dhātuyā kehici sampayuttā, katīhi vippayuttā?

Ekena khandhena dasahāyatanehi soḷasahi dhātūhi vippayuttā ekenāyatanena ekāya dhātuyā kehici vippayuttā.

53 Appaccayā dhammā—Asaṃkhatā dhammā—Sanidassanā dhammā—Sappaṭighā dhammā—Rūpino dhammā .... sampayuttā ti? Natthi. Katīhi vippayuttā.

Catuhi khandehi ekenāyatanena sattahi dhātūhi vippayuttā ekenāyatanena ekāya dhātuyā kehici vippayuttā.

54 Lokuttara dhammā .... sampayuttā ti? Natthi. Katīhi vippayuttā.

Na kehici khandhehi na kehici āyatanehi chahi dhātūhi vippayuttā.

55 Āsavā dhammā—Āsavā c'eva sāsavā dhammā—Āsavā c'eva āsavasampayuttā dhammā tīhi khandhehi ekenāyatanena ekāya dhātuyā sampayuttā ekena khandhena ekenāyatanena ekāya dhātuyā kehici sampayuttā, katīhi vippayuttā?

Ekena khandhena dasahāyatanehi soḷasahi dhātūhi vippayuttā ekena āyatanena ekāya dhātuyā kehici vippayuttā.

56 Anāsavā dhammā—Āsavavippayuttā anāsavā dhammā .... sampayuttā. Natthi. Katīhi vippayuttā?

Na kehici khandhehi na kehici āyatanehi chahi dhātūhi vippayuttā.

57 Āsavasampayuttā dhammā .... sampayuttā ti? Natthi. Katīhi vippayuttā?

Ekena khandhena dasahāyatanehi soḷasahi dhātūhi vippayuttā ekenāyatanena ekāya dhātuyā kehici vippayuttā.

58 Āsavasampayuttā c'eva no ca āsavā dhammā ekena khandhena ekenāyatanena ekāya dhātuyā kehici sampayuttā, katihi vippayuttā?

Ekena khandhena dasahāyatanehi soḷasahi dhātūhi vippayuttā ekenayatanena ekāya dhātuyā kehici vippayuttā.

59 Saṃyojanā dhammā .... pe[1] .... Ganthā dhammā—Oghā dhammā—Yogā dhammā—Nīvaraṇā dhammā—Parāmasā dhammā—Parāmāsā c'eva parāmaṭṭhā dhammā tīhi khandhehi ekenāyatanena ekāya dhātuyā sampayuttā ekena khandhena ekenāyatanena ekāya dhātuyā kehici sampayuttā, katīhi vippayuttā?

---

[1] *So in* MSS.

Ekena khandhena dasahāyatanehi soḷasahi dhātūhi vippayuttā ekenāyatanena ekāya dhātuyā kehici vippayuttā.

60 Aparāmaṭṭhā dhammā—Pārāmāsavippayutta-aparāmaṭṭhā dhammā . . . . sampayuttā ti? Natthi. Katīhi vippayuttā?

Na kehici khandhehi na kehici āyatanehi chahi dhātūhi vippayuttā.

61 Parāmāsasampayuttā dhammā ekena khandhena ekenāyatanena ekāya dhātuyā kehici sampayuttā, katīhi vippayuttā?

Ekena khandhena dasahāyatanehi soḷasahi dhātūhi vippayuttā ekenāyatanena ekāya dhātuyā kehici vippayuttā.

62 Sārammaṇā dhammā . . . . sampayuttā ti? Natthi. Katīhi vippayuttā?

Ekena khandhena dasahāyatanehi dasahi dhātūhi vippayuttā ekenāyatanena ekāya dhātuyā kehici vippayuttā.

63 Anārammaṇā dhammā—Cittavippayuttā dhammā—Cittavisaṃsaṭṭhā dhammā—Upādā dhammā . . . . sampayuttā ti? Natthi. Katīhi vippayuttā?

Catuhi khandhehi ekenāyatanena sattahi dhātūhi vippayuttā ekenāyatanena ekāya dhātuyā kehici vippayuttā.

64 Cittā dhammā tīhi khandhehi sampayuttā ekenāyatanena ekāya dhātuyā kehici sampayuttā, katīhi vippayuttā?

Ekena khandhena dasahāyatanehi dasahi dhātūhi vippayuttā ekenāyatanena ekāya dhātuyā kehici vippayuttā.

65 Cetasikā dhammā—Cittasampayuttā dhammā—Cittasaṃsaṭṭhā dhammā—Cittasaṃsaṭṭhasamuṭṭhānā dhammā — Cittasaṃsaṭṭha-samuṭṭhāna-sahabhuno dhammā — Cittasaṃsaṭṭhasamuṭṭhānānuparivattino dhammā ekena khandhena ekenāyatanena sattahi dhātūhi sampayuttā, katīhi vippayuttā?

Ekena khandhena dasahāyatanehi dasahi dhātūhi vippayuttā ekena āyatanena ekāya dhātuyā kehici vippayuttā.

66 Anupādinnā dhammā . . . . sampayuttā ti? Natthi. Katīhi vippayuttā?

Na kehici khandhehi na kehici āyatanehi pañcahi dhātūhi vippayuttā.

67 Upādānā dhammā .... pe .... kilesā dhammā—kilesā c'eva saṃkilesikā dhammā—Kilesā c'eva samkiliṭṭhā dhammā — Kilesā c'eva kilesasampayuttā dhammā tīhi khandhehi ekenāyatanena ekāya dhātuyā sampayuttā ekena khandhena ekenāyatanena ekāya dhātuyā kehici sampayuttā, katīhi vippayuttā.

Ekena khandhena dasahāyatanehi soḷasahi dhātūhi vippayuttā ekenāyatanena ekāya dhātuyā kehici vippayuttā.

68 Asaṃkilesikā dhammā — Kilesavippayutta-asaṃkilesikā dhammā .... sampayuttā ti? Natthi. Katīhi vippayuttā?

Na kehici khandhehi na kehici āyatanehi chahi dhātūhi vippayuttā.

69 Saṃkiliṭṭhā dhammā — Kilesasampayuttā dhammā .... sampayuttā ti? Natthi. Katīhi vippayuttā?

Ekena khandhena dasahāyatanehi soḷasahi dhātūhi vippayuttā ekenāyatanena ekāya dhātuyā kehici vippayuttā.

70 Saṃkiliṭṭhā c'eva no ca kilesā dhammā—kilesasampayuttā c'eva no ca kilesā dhammā ekena khandhena ekenāyatanena ekāya dhātuyā kehici sampayuttā, katīhi vippayuttā?

Ekena khandhena dasahāyatanehi soḷasahi dhātūhi vippayuttā ekenāyatanena ekāya dhātuyā kehici vippayuttā.

71 Dassanena pahātabbā dhammā—Bhāvanāya pahātabbā dhammā—Dassanena pahātabba-hetukā dhammā—Bhavānaya pahātabba-hetukā dhammā .... sampayuttā ti? Natthi. Katīhi vippayuttā?

Ekena khandhena dasahāyatanehi soḷasahi dhātuhi vippayuttā ekenāyatanena ekāya dhātuyā kehici vippayuttā.

72 Savitakkā dhamma—Savicārā-dhammā ekena khandhena ekenāyatanena ekāya dhātuyā kehici sampayuttā, katihi vippayuttā?

Ekena khandhena dasahāyatanehi paṇṇarasahi dhātūhi vippayuttā ekenāyatanena ekāya dhātuyā kehici vippayuttā.

73 Avitakkā dhammā—Avicārā dhammā .... sampayuttā ti? Natthi. Katīhi vippayuttā?

Na kehici khandhehi na kehici āyatanehi ekāya dhātuyā vippayuttā.

74 Sappītikā dhammā — Pītisahagatā dhammā ekena khandhena ekenāyatanena ekāya dhātuyā kehici sampayuttā, katīhi vippayuttā ?

Ekena khandhena dasahāyatanehi paṇṇarasahi dhātūhi vippayuttā ekenāyatanena ekāya dhātuyā kehici vippayuttā.

75 Upekhāsahagatā dhammā ekena khandhena sampayuttā ekenāyatanena ekāya dhātuyā kehici sampayuttā, katīhi vippayuttā ?

Ekena khandhena dasahāyatanehi ekādasahi dhātūhi vippayuttā ekenāyatanena ekāya dhātuyā kehici vippayuttā.

76 Na kāmāvacarā dhammā—Apariyāpannā dhammā—Anuttarā dhammā . . . sampayuttā ti ? Natthi. Katīhi vippayuttā ?

Na kehici khandhehi na kehici āyatanehi chahi dhātūhi vippayuttā.

77 Rūpāvacarā dhammā—Arūpāvacarā dhammā—Niyyānikā dhammā—Niyatā dhammā—Saraṇā dhammā katīhi khandhehi katīhi āyatanehi katīhi dhātūhi sampayuttā ti ? Natthi. Katīhi vippayuttā ?

Ekena khandhena dasahāyatanehi soḷasahi dhātūhi vippayuttā ekenāyatanena ekāya dhātuyā kehici vippayuttā.

Sampayoga-vippayoga-pada-niddeso.

VII.—Sampayuttena Vippayuttaṃ.

1 Vedanākkhandhena ye dhammā—Saññākkhandhena ye dhammā—Saṃkārakkhandhena ye dhammā—Viññānakkhandhena ye dhammā—Manāyatanena ye dhammā sampayuttā, tehi khandhehi ye dhammā vippayuttā te dhammā katīhi khandhehi katīhi āyatanehi katīhi dhātūhi vippayuttā ?

Te dhammā catuhi khāndhehi ekenāyatanena sattahi dhātūhi vippayuttā ekenāyatanena ekāya dhātuyā kehici vippayuttā.

2 Cakkhuviññānadhātuyā ye dhammā . . . . pe . . . . Manodhātuyā ye dhammā—Manoviññānadhātuyā ye dhammā sampayuttā, tehi dhammehi ye dhammā vippayuttā te dhammā . . . . pe . . . . ?

Na kehici khandhehi na kehici āyatanehi ekāya dhātuyā vippāyuttā.

3 Manindriyena ye dhammā sampayuttā tehi dhammehi ye dhammā vippayuttā te dhammā . . . . pe . . . . ?

Catuhi khandhehi ekenāyatanena sattahi dhātūhi vippayuttā ekenāyatanena ekāya dhātuyā kehici vippayuttā.

4 Upekhindriyena ye dhammā sampayuttā tehi dhammehi ye dhammā vippayuttā te dhāmmā . . . . pe . . . . ?

Na kehici khandhehi na kehici āyatanehi pañcahi dhātūhi vippayuttā.

5 Saṃkhārapaccayā viññāṇena ye dhammā—Saḷāyatanapaccayā phassena ye dhammā—Phassapaccayā vedanāya ye dhammā—Phassena ye dhammā—Vedạnāya ye dhammā —Saññāya ye dhammā—Cetanāya ye dhammā—Cittena ye dhammā — Manasikārena ye dhammā sampayuttā tehi dhammehi ye dhammā vippayuttā te dhammā . . . . pe . . . . ?

Catuhi khandhehi ekenāyatanena sattahi dhātūhi vippayuttā ekenāyatanena ekāya dhātuyā kehici vippayuttā.

6 Adhiṁokkhena ye dhammā sāmpayuttā tehi dhammehi ye dhammā vippayuttā te dhammā . . . . pe . . . .?

Na kehici khandhehi na kehici āyatanehi ekāya dhātuyā vippayuttā.

7 Adukkhamasukhāya vedanāya sampayuttehi dhammehi ye dhammā—Upekhā-sahagatehi dhammehi ye dhammā sampayuttā tehi dhammehi ye dhammā vippayuttā te dhammā . . . . pe . . . .?

Na kehici khandhehi na kehici āyatanehi pañcahi dhātūhi vippayuttā.

8 Savitakka-savicārehi dhammehi ye dhammā sampayuttā tehi dhammehi ye dhammā vippayuttā te dhammā . . . . pe . . . .?

Na kehici khandhehi na kehici āyatanehi ekāya dhātuyā vippayuttā.

9 Cittehi dhammehi ye dhammā—Cetasikehi dhammehi ye dhammā—Cittasaṃpayuttehi dhammehi ye dhammā—Cittasaṃsaṭṭhehi dhammehi ye dhammā—Cittasaṃsaṭṭhasamuṭṭhānehi dhammehi ye dhammā — Cittasaṃsaṭṭhasamuṭṭhāna-sahabhūhi dhammehi ye dhammā—Cittasaṃsaṭṭhasamuṭṭhānānuparivattīhi dhammehi ye dhammā sampayuttā tehi dhammehi ye dhammā vippayuttā te dhammā . . . . pe . . . . .?

Catuhi khandhehi ekenāyatanena sattahi dhātūhi vippayuttā ekenāyatanena ekāya dhātuyā kehici vippayuttā.

10 Savitakkehi dhammehi ye dhammā — Savicārehi dhammehi ye dhammā sampayuttā tehi dhammehi ye dhammā vippayuttā te dhammā . . . . pe . . . .?

Na kehici khandhehi na kehici āyatanehi ekāya dhātuyā vippayuttā.

11 Upekhā-sahagatehi dhammehi ye dhammā sampayuttā tehi dhammehi ye dhammā vippāyuttā te dhammā katīhi khandhehi katīhi āyatanehi katīhi dhātūhi vippayuttā ?

Te dhamma na kehici khandhehi na kehici āyatanehi pañcahi dhātūhi vippayuttā.

Khandhā[1] caturo āyatanañ camekaṃ.
Dhātusu satta dve pi ca indriyāno.[2]
Tayo paṭiccattariva[3] phassa pañcamā.
Adhimuccanā manasi ti, kesu tīṇi.[4]
Suttantarā dve ca manena yuttā.[5]
Vitakkā vicāraṇā[6] ūpekkhā nāya cāti.[7]

Sampayuttena vippayutta-pada-niddeso.

---

[1] Sd khandhāhi [2] Sb Sd indriyato
[3] Sb Sd paticcatthariva [4] Gun. tīti [5] Sd *omits*
[6] Sb vitakkavicāraṇa; Sd vitakkavicārana (on the whole of this Uddāna compare the comment on vii. 1, which, while giving a similar, but differently worded, one refers also to this).
[7] Sb upekhanāya vā ti; Gun. cāti vāti

VIII.—Vippayuttena Sampayuttaṃ.

1 Rūpakkhandena ye dhammā vippayuttā tehi dhammehi ye dhammā sampayuttā te dhammā katīhi khandhehi katīhāyatanehi katīhi dhātūhi sampayuttā ti?

Natthi.

2 Vedanākkhandhena ye dhammā—Saññākkhandhena ye dhammā—Saṃkharakkhandena ye dhammā—Viññāṇakkhandhena ye dhammā . . . . pe . . . . Saraṇehi dhammehi ye dhammā—Araṇehi dhammehi ye dhammā vippayuttā tehi dhammehi ye dhammā sampayuttā te dhammā katīhi khandhehi katīhāyatanehi katīhi dhātūhi sampayuttā ti?

Natthi.

Vippayuttena sampayutta-pada-niddeso.

IX.—Sampayuttena Sampayuttaṃ.

1 Vedanākkhandhena ye dhammā—Saññākkhandhena ye dhammā—Saṃkhārakkhandhena ye dhammā sampayuttā tehi dhammehi ye dhammā sampayuttā te dhammā katīhi khandhehi katīhāyatanehi katīhi dhātūhi sampayuttā ?

Te dhammā tīhi khandhehi ekenāyatanena sattahi dhātūhi sampayuttā ekenāyatanena ekāya dhātuyā kehici sampayuttā.

2 Viññāṇakkhandhena ye dhammā . . . . pe . . . . Manāyatanena ye dhammā — Cakkhu-viññāṇa-dhātuyā ye dhammā—Mano-dhātuyā ye dhammā—Manoviññāṇa-dhātuyā ye dhammā sampayuttā tehi dhammehi ye dhammā sampayuttā te dhammā . . . . pe . . . .

Tīhi khandhehi sampayuttā ekenāyatanena ekāya dhātuyā kehici sampayuttā.

3 Samudaya-saccena ye dhammā—Magga-saccena ye dhammā sampayuttā tehi dhammehi ye dhammā sampayuttā te dhammā . . . . pe . . . .

Tīhi khandhehi ekenāyatanena ekāya dhātuyā sampayuttā ekena khandhena ekenāyatanena ekāya dhātuyā kehici sampayuttā.

4 Manindriyena ye dhammā sampayuttā tehi dhammeh ye dhammā sampayuttā te dhammā . . . . pe . . . .

Tīhi khandhehi sampayuttā ekenāyatanena ekāya dhātuyā kehici sampayutta.

5 Sukhindriyena ye dhammā — Dukkkindriyena ye dhammā—Somanassindriyena ye dhammā—Domanassin-

driyena ye dhamma sampayuttā tehi dhammehi ye dhammā sampayuttā te dhammā . . . . pe . . . .

Tīhi khandhehi ekenāyatanena ekāya dhātuyā kehici sampayuttā.

6 Upekkhindriyena ye dhammā sampayuttā tehi dhammehi ye dhammā sampayuttā te dhammā . . . . pe . . . .

Tīhi khandhehi ekenāyatanena chahi dhātūhi sampayuttā ekenāyatanena ekāya dhātuyā kehici sampayuttā.

7 Saddhindriyena ye dhammā—Virindriyena ye dhammā — Satindriyena ye dhammā — Samādhindriyena ye dhammā—Paññindriyena ye dhammā—Anaññātaññassāmitindriyena ye dhammā—Aññindriyena ye dhammā—Aññātāvindriyena ye dhammā—Avijjāya ye dhammā—Avijjā-paccayā saṃkhārena ye dhammā sampayuttā tehi dhammehi ye dhammā sampayuttā te dhammā . . . . pe . . . .

Tīhi khandhehi ekenāyatanena ekāya dhātuyā sampayuttā ekena khandhena ekenāyatanena ekāya dhātuyā kehici sampayuttā.

8 Saṃkhāra-paccayā viññānena ye dhammā sampayuttā tehi dhammehi ye dhammā sampayuttā te dhammā . . . . pe . . . .

Tīhi khandhehi sampayuttā ekenāyatanena ekāya dhātuyā kehici sampayuttā.

9 Saḷāyatana-paccayā phassena ye dhammā sampayuttā tehi dhammehi ye dhammā sampayuttā te dhammā . . . . pe . . . .

Tīhi khandhehi ekenāyatanena sattahi dhātūhi sampayuttā ekena khandhena ekenāyatanena ekāya dhātuyā kehici sampayuttā.

10 Phassa-paccayā vedanāya ye dhammā sampayuttā tehi dhammehi ye dhammā sampayuttā te dhammā . . . . pe . . . .

Tīhi khandhehi ekenāyatanena sattahi dhātūhi sampayuttā ekenāyatanena ekāya dhātuyā kehici sampayuttā.

11 Vedanā-paccayā taṇhāya ye dhammā—Taṇhāppaccayā upādānena ye dhammā—Kamma-bhavena ye dhammā sampayuttā te dhammā . . . . pe . . . .

Tīhi khandhehi ekenāyatanena ekāya dhātuyā sampayuttā ekena khandhena ekenāyatanena ekāya dhātuyā kehici sampayuttā.

12 Sokena ye dhammā—Dukkhena ye dhammā—Domanassena ye dhammā sampayuttā tehi dhammehi ye dhammā sampayuttā te dhammā . . . . pe . . . .

Tīhi khandhehi ekenāyatanena ekāya dhātuyā sampayuttā ekenāyatanena ekāya dhātuyā kehici sampayuttā.

13 Upāyāsena ye dhammā—Satipaṭṭhānena ye dhammā —Sammappadhānena ye dhammā sampayuttā tehi dhammehi ye dhammā sampayuttā dhammā . . . . pe . . . .

Tīhi khandhehi ekenāyatanena ekāya dhātuyā sampayuttā ekena khandhena ekenāyatanena ekāya dhātuyā kehici sampayuttā.

14 Iddhipādena ye dhammā sampayuttā tehi dhammehi ye dhammā sampayuttā te dhammā . . . . pe . . . .

Dvīhi khandhehi sampayuttā ekena khandhenā ekenāyatanena ekāya dkātuyā kehici sampayuttā.

15 Jhānena ye dhammā sampayuttā tehi dhammehi ye dhammā sampayuttā te dhammā . . . . pe . . . .

Dvihi khandhehi ekenāyatanena ekāya dhātuyā sampayuttā ekena khandhena ekenāyatanena ekāya dhātuyā kehici sampayuttā.

16 Appamaññā ye dhammā—Pañcindriyena ye dhamma —Paṃca balehi ye dhammā—Sattahi bojjhaṃgehi ye dhammā—Ariyena aṭṭhaṃgikena maggena ye dhammā sampayuttā tehi dhammehi ye dhammā sampayuttā te dhammā . . . . pe . . . .

Tīhi khandhehi ekenāyatanena ekāya dhātuyā sampayuttā ekena khandhena ekenāyatanena ekayā dhātuyā kehici sampayuttā.

17 Phassena ye dhammā—Cetanāya ye dhammā—Manasikārena ye dhammā sampayuttā tehi dhammehi ye dhammā sampayuttā te dhammā . . . . pe . . . .

Tīhi khandhehi ekenāyatanena sattahi dhātūhi sampayuttā ekena khandhena ekenāyatanena ekāya dhātuyā kehici sampayuttā.

18 Vedanāya ye dhammā saññāya ye dhammā sam-

payuttā tehi dhammehi ye dhammā sampayuttā te dhammā . . . . pe . . . .

Tīhi khandhehi ekenāyatanena sattahi dhātūhi sampayuttā ekenāyatanena ekāya dhātuyā kehici sampayuttā.

19 Cittena ye dhammā sampayuttā tehi dhammehi ye dhammā sampayuttā te dhammā . . . . pe . . . .

Tīhi khandhehi sampayuttā ekenāyatanena ekāya dhātuyā kehici sampayuttā.

20 Adhimokkhena ye dhammā sampayuttā tehi dhammehi ye dhammā sampayuttā te dhammā . . . pe . . . .

Tīhi khandhehi ekenāyatanena dvīhi dhātūhi sampayuttā ekena khandhena ekenāyatanena ekāya dhātuyā kehici sampayuttā.

21 Sukhāya vedanāya sampayuttehi dhammehi ye dhammā—Dukkhāya vedanāya sampayuttehi dhammehi ye dhammā—Adukkhamasukhāya vedanāya sampayuttehi dhammehi ye dhammā sampayuttā tehi dhammehi ye dhammā sampayuttā te dhammā . . . . pe . . . .

Ekena khandhena sampayuttā ekenāyatanena ekāya dhātuyā. kehici sampayuttā.

22 Savitakka-savivārehi dhammehi ye dhammā—Avitakka-vicāra-mattehi dhammehi ye dhammā—Pīti-sahagatehi dhammehi ye dhammā sampayuttā tehi dhammehi ye dhammā sampayuttā te dhammā . . . . pe . . . .

Ekena khandhena ekenāyatena ekāya dhātuyā kehici sampayuttā.

23 Sukha-sahagatehi dhammehi ye dhammā—Upekhā-sahagatehi dhammehi ye dhammā sampayuttā tehi dhammehi ye dhammā sampayuttā te dhammā . . . . pe . . . .

Ekena khandhena sampayuttā ekenāyatanena ekāya dhātuyā kehici sampayuttā.

24 Hetuhi dhammehi ye dhammā—Hetu c'eva sahetukehi dhammehi ye dhammā—Hetu c'eva hetu-sampayuttehi dhammehi ye dhammā sampayuttā tehi dhammehi ye dhammā sampayuttā te dhammā . . . . pe . . . .

Tīhi khandhehi ekenāyatanena ekāya dhātuyā sampayuttā ekena khandhena ekenāyatanenā ekāya dhātuyā kehici sampayuttā.

25 Sahetukā c'eva na ca hetuhi dhammehi ye dhammā—Hetu-sampayuttā c'eva na ca hetuhi dhammehi ye dhammā—Na hetu sahetukehi dhammehi ye dhammā sampayuttā tehi dhammehi ye dhammā sampayuttā te dhammā . . . . pe . . . .

Ekena khandhena ekenāyatanena ekāya dhātuyā kehici sampayuttā.

26 Asavehi dhammehi ye dhammā—Asavā c'eva sāsavehi dhammehi ye dhammā—Āsavā c'eva āsava-sampayuttehi dhammehi ye dhammā sampayuttā te dhammā . . . . pe . . . .

Tīhi khandhehi ekenāyatanena ekāya dhātuyā sampayuttā ekena khandhena ekenāyatanena ekāya dhātuyā kehici sampayuttā.

27 Āsavā-sampayuttehi dhammehi ye dhammā—Āsava sampayuttā c'eva no ca āsavehi dhammehi ye dhammā sampayuttā tehi dhammehi ye dhammā sampayuttā te dhammā . . . . pe . . . .

Ekena khandhena ekenāyatanena ekāya dhātuyā kehici sampayuttā.

28 Saṃyojanehi dhammehi ye dhammā . . . . pe . . . . Ganthehi dhammehi ye dhammā—Oghehi dhammehi ye dhammā — Yogehi dhammehi ye dhammā — Nivaranehi dhammehi ye dhammā — Parāmāsehi dhammehi ye dhammā — Parāmāsā c'eva parāmaṭṭehi dhammehi ye dhammā sampayuttā tehi dhammehi ye dhammā sampayuttā te dhammā . . . . pe . . . .

Tīhi khandhehi ekenāyatanena ekāya dhātuya sampayuttā ekena khandhena ekenāyatanena ekāya dhātuyā kehici sampayuttā.

29 Parāmāsa-sampayuttehi dhammehi ye dhammā sampayuttā tehi dhammehi ye dhammā sampayuttā te dhammā . . . . pe . . . .

Ekena khandhena ekenāyatanena ekāya dhātuyā kehici sampayuttā.

30 Cittehi dhammehi ye dhammā sampayuttā tehi dhammehi ye dhammā sampayuttā te dhammā . . . . pe . . . .

Tīhi khandhehi sampayuttā ekena khandhena ekenāyatanena ekāya dhātuyā kehici sampayuttā.

31 Cetasikehi dhammehi ye dhammā—Citta sampayuttehi dhammehi ye dhammā—Citta-saṃsaṭṭehi dhammehi ye dhammā—Citta-saṃsaṭṭha samuṭṭhānehi dhammehi ye dhammā—Citta-saṃsaṭṭha-samuṭṭhāna-sahabhūhi dhammehi ye dhammā — Citta-saṃsaṭṭha-samuṭṭhānāmparivattīhi dhammehi ye dhammā sampayuttā tehi dhammehi ye dhammā sampayuttā te dhammā .... pe ....

Ekena khandhena ekenāyatanena sattahi dhātūhi sampayuttā.

32 Upādānehi .... pe .... kilesehi dhammehi ye dhammā — Kilesā c'eva saṃkilesikehi dhammehi ye dhamma — Kilesā c'eva saṃkiliṭṭhehi dhammehi ye dhammā — Kilesā c'eva kilesa-sampayuttehi dhammehi ye dhammā sampayuttā tehi dhammehi ye dhammā sampayuttā te dhammā .... pe ....

Tīhi khandhehi ekenāyatanena ekāya dhātuyā sampayuttā ekena khandhena ekenāyatānena ekāya dhātuyā kehici sampayutta.

33 Saṃkiliṭṭhā c'eva no ca kilesehi dhammehi ye dhammā—Kilesa-sampayuttā c'eva no ca kilesehi dhammehi ye dhammā—Savitakkehi dhammehi ye dhammā—Savicārehi dhammehi ye dhammā—Sappītīkehi dhammehi ye dhammā —Pīti-sahagatehi dhammehi ye dhamma sampayuttā tehi dhammehi ye dhammā sampayuttā te dhammā .... pe ....

Ekena khandhena ekenāyatanena ekāya dhātuyā kehici sampayuttā.

34 Sukha-sahagatehi dhammehi ye dhammā upekhāsahagatehi dhammehi ye dhammā sampayuttā tehi dhammehi ye dhammā sampayuttā te dhammā katīhi khandhehi katīhāyatanehi katīhi dhātūhi sampayuttā.

Te dhammā ekena khandhena sampayuttā ekenāyatanena ekāya dhātuyā kehici sampayuttā.

Sampayutta-sampayuttena pada-niddeso.

X.—Vippayuttena Vippayuttaṃ.

1 Rūpakkhandhena ye dhammā vippayuttā tehi dhammehi ye dhammā vippayuttā te dhammā katīhi khandhehi katīhāyatanehi katīhi dhātūhi vippayuttā.

Te dhamma catuhi khandhehi ekenāyatanena sattahi dhātūhi vippayuttā ekenāyatanena ekāya dhātuyā kehici vippayuttā.

2 Vedanakkhandena ye dhammā—Saññākkhandhena ye dhammā—Saṃkārakkhandhena ye dhammā—Viññāṇakkhandhena ye dhammā—Manāyatanena ye dhammā vippayuttā tehi dhammehi ye dhammā vippayuttā te dhammā . . . . pe . . . .

Ekena khandhena dasahāyatanehi dasahi dhātūhi vippayuttā ekenāyatanena ekayā dhātuyā kehici vippayuttā.

3 Cakkhāyatanena ye dhammā . . . . pe . . . . Phoṭṭhabbāyatanena [1] ye dhamma — Cakkhudhātuyā ye dhammā . . . . pe . . . . Phoṭṭhabbadhātuyā ye dhammā vippayuttā te dhammā . . . . pe . . . .

Catuhi khandhehi ekenāyatanena sattahi dhātūhi vippayuttā ekenāyatānena ekāya dhātuyā kehici vippayuttā.

4 Cakkhuviññāṇadhātuyā ye dhamma . . . . pe . . . . Manodhātuyā ye dhammā — Manoviññāṇadhātuyā ye dhammā—Samudayasaccena ye dhammā—Maggasaccena ye dhammā vippayuttā tehi dhammehi ye dhammā vippayuttā te dhammā . . . . pe . . . .

Ekena khandhena dasahāyatanehi soḷasahi dhātūhi vippayuttā ekenāyatanena ekāya dhātuyā kehici vippayuttā.

5 Nirodhasaccena ye dhammā — Cakkhundriyena ye dhammā . . . . pe . . . . Kāyindriyena ye dhammā—

[1] Sb poṭṭhabbā- ; Gun. phoṭṭabbhā-

Itthindriyena ye dhammā — Purisindriyena ye dhammā vippayuttā tehi dhammehi ye dhammā vippayuttā te dhammā . . . . pe . . . .

Catuhi khandhehi ekenāyatanena sattahi dhātūhi vippayuttā ekenāyatanena ekāya dhātuyā kehici vippayuttā.

6 Manindriyena ye dhammā vippayuttā tehi dhammehi ye dhammā vippayuttā te dhammā . . . . pe . . . .

Ekena khandhena dasahāyatanehi dasahi dhātūhi vippayuttā ekenāyatanena ekāya dhātuya kehici vippayuttā.

7 Sukhindriyena ye dhammā — Dukkhindriyena ye dhammā—Somanassindriyena ye dhammā—Domanassindriyena ye dhammā vippayuttā tehi dhammehi ye dhammā vippayuttā te dhammā . . . . pe . . . .

Ekena khandhena dasahāyatanehi soḷasahi dhātūhi vippayuttā ekenāyatanena ekāya dhātuyā kehici vippayuttā.

8 Upekhindriyena ye dhammā vippayuttā tehi dhammehi ye dhammā vippayuttā te dhammā . . . . pe . . . .

Ekena khandhena dasahāyatanehi ekādasahi dhātūhi vippayuttā ekenāyatanena ekāya dhātuyā kehici vippayuttā.

9 Saddhindriyena ye dhammā — Viriyindriyena ye dhammā — Satindriyena ye dhammā — Samādhindriyena ye dhammā—Paññindriyena ye dhammā—Anaññataññassāmītindriyena ye dhammā—Aññindriyena ye dhammā—Aññatāvindriyena ye dhammā—Avijjāya ye dhammā—Avijjā-paccayā saṃkharena ye dhammā vippayuttā tehi dhammehi ye dhammā vippayuttā te dhammā . . . . pe . . . .

Ekena khandhena dasahāyatanehi soḷasahi dhātūhi vippayuttā.

10 Saṃkhāra-paccayā viññāṇena ye dhammā—Saḷāyatana-paccayā phassena ye dhammā—Phassa-paccayā vedanāya ye dhammā vippayuttā te dhammā vippayuttā tehi dhammehi ye dhammā . . . . pe . . . .

Ekena khandhena dasahāyatanehi dasahi dhātūhi vippayuttā ekenāyatanena ekāyā dhātuyā kehici vippayuttā.

11 Vedanā-paccayā taṇhāya ye dhammā—Taṇhā-paccayā upādānena ye dhammā—Kammabhavena ye dhammā vippayuttā tehi dhammehi ye dhamma vippayuttā te dhammā . . . . pe . . . .

Ekena khandhena dasahāyatanehi soḷasahi dhātūhi vippayuttā ekenāyatanena ekāya dhātuyā kehici vippayuttā.

12 Rūpabhavena ye dhammā vippayuttā tehi dhammehi ye dhammā vippayuttā te dhammā . . . . pe . . . .

Na kehici khandhehi na kehici āyatanehi tīhi dhātūhi vippayuttā.

13 Asaññabhavena ye dhammā—Ekavokārabhavena ye dhammā—Paridevena ye dhammā vippayuttā tehi dhammehi ye dhammā vippayuttā te dhammā . . . . pe . . . .

Catuhi khandhehi ekenāyatanena sattahi dhātūhi vippayuttā ekenāyatanena ekāya dhātuyā kehici vippayuttā.

14 Arūpabhavena ye dhammā — Nevasaññanāsaññābhavena ye dhammā—Catuvokārabhavena ye dhammā—Sokena ye dhammā—Dukkhena ye dhammā—Domanassena ye dhamma—Upāyāsena ye dhammā—Satipaṭṭhānena ye dhammā—Sammappadānena ye dhammā—Iddhipādena ye dhammā — Jhānena ye dhammā — Appamaññāya ye dhammā—Pañcahi indriyehi ye dhammā—Pañcahi balehi ye dhammā—Sattahi bojjhaṃgehi ye dhammā—Ariyena aṭṭhaṃgikena maggena ye dhammā vippāyuttā tehi dhammehi ye dhammā vippayuttā te dhammā . . . . pe . . . .

Ekena khandhena dasahāyatanhehi soḷasahi dhātūhi vippayuttā ekenāyatanena ekāya dhātuyā kehici vippayuttā.

15 Phassena ye dhammā—Vedanāya ye dhammā—Saññaya ye dhammā—Cetanāya ye dhammā—Cittena ye dhammā — Manasikārena ye dhammā vippayuttā tehi dhammehi ye dhammā vippayuttā te dhammā . . . . pe . . . .

Ekena khandhena dasahāyatanehi dasahi dhātūhi vippayuttā ekenāyatanena ekāya dhātuyā kehici vippayuttā.

16 Adhimokkhena ye dhammā vippayuttā tehi dhammehi ye dhammā vippayuttā te dhammā . . . . pe . . . .

Ekena khandhena dasahāyatanehi paṇṇarasahi dhātūhi vippayuttā ekenāyatanena ekāya dhātuyā kehici vippayuttā.

17 Kusalehi dhammehi ye dhammā—Akusalehi dhammehi ye dhammā vippayuttā tehi dhammehi ye dhammā vippayuttā te dhammā . . . . pe . . . .

Ekena khandhena dasahāyatanehi soḷasahi dhātūhi vippayuttā ekenāyatanena ekāya dhātuyā kehici vippayuttā.

18 Sukhāya vedanāya sampayuttehi dhammehi ye dhammā—Dukkhāya vedanāya sampayuttehi dhammehi ye dhammā vippayuttā tehi dhammehi ye dhammā vippayuttā te dhammā . . . . pe . . . .

Ekena khandhena dasahāyatanehi paṇṇarasahi dhātūhi vippayuttā ekenāyatanena ekāya dhātuyā kehici vippayuttā.

19 Adukkhamasukhāya vedanāya sampayuttehi dhammehi ye dhammā vippayuttā tehi dhammehi ye dhammā vippayuttā te dhammā . . . . pe . . . .

Ekena khandhena dasahāyatanehi ekādasahi dhātūhi vippayuttā ekenāyatanena ekāya dhātuyā kehici vippayuttā.

20 Vipākehi dhammehi ye dhammā vippayuttā tehi dhammehi ye dhammā vippayuttā te dhammā . . . . pe . . . .

Ekena khandhena dasahāyatanehi dasahi dhātūhi vippayuttā ekenāyatanena ekāya dhātuyā keheci vippayuttā.

21 Vipākadhammādhammehi ye dhammā—Saṃkiliṭṭhasaṃkilesikehi dhammehi ye dhammā vippayuttā tehi dhammehi ye dhammā vippayuttā te dhammā . . . . pe . . . .

Ekena khandhena dasahāyatanehi soḷasahi dhātūhi vippayuttā ekenāyatanena ekāya dhātuyā kehici vippayuttā.

22 Neva - vipāka - na - vipaka - dhamma - dhammehi ye dhammā—Anupādinnupādāniyehi dhammehi ye dhammā vippayuttā tehi dhammehi ye dhammā vippayuttā te dhammā . . . . pe . . . .

Na kehici khandhehi na kehici āyatanehi pañcahi dhātūhi vippayutta.

23 Anupādinna-anupādaniyehi dhammehi ye dhammā —Asaṃkiliṭṭha-asaṃkilesikehi dhammehi ye dhammā vippayuttā tehi dhammehi ye dhammā vippayuttā te dhammā . . . . pe . . . .

Na kehici khandhehi na kehici āyatanehi chahi dhātūhi vippayuttā.

24 Savitakka-savicārehi dhammehi ye dhammā vippayuttā tehi dhammehi ye dhammā vippayuttā te dhammā . . . . pe . . . .

Ekena khandhena dasahāyatānehi paṇṇarasahi dhātūhi vippayuttā ekenāyatanena ekāya dhātuyā kehici vippayuttā.

25 Avitakka-vicāramattehi dhammehi ye dhammā—Pītisahagatehi dhammehi ye dhammā vippayuttā te dhammā . . . . pe . . . .

Ekena khandhena dasahāyatanehi soḷasahi dhātūhi vippayuttā ekenāyatanena ekāya dhātuyā kehici vippayuttā.

26 Avitakka-avicārehi dhammehi ye dhammā vippayuttā tehi dhammehi ye dhammā vippayuttā te dhammā . . . . pe . . . .

Na kehici khandhehi na kehici āyatanehi ekāya dhātuyā vippayuttā.

27 Sukkasahagatehi dhammehi ye dhammā vippayuttā te dhammā . . . . pe . . . .

Ekena khandhena dasahāyatanehi paṇṇarasahi dhātūhi vippayuttā ekenāyatanena ekāya dhātuyā kehici vippayuttā.

28 Upekhāsahagatehi dhammehi ye dhammā vippayuttā tehi dhammehi ye dhammā vippayuttā te dhammā . . . . pe . . . .

Ekena khandhena dasahāyatanehi ekādasahi dhātūhi vippayuttā ekenāyatanena ekāya dhātuyā kehici vippayuttā.

29 Dassanena pahātabbehi dhammehi ye dhammā—Bhāvanāya pahatabbehi dhammehi ye dhammā—Dassanena pahātabba-hetukehi dhammehi ye dhammā—Bhāvanāya pahātabba-hetukehi dhammehi ye dhammā—Acayagāmihi dhammehi ye dhammā—Apacayagāmihi dhammehi ye dhammā—Sekhehi dhammehi ye dhammā—Asekhehi dhammehi ye dhammā—Mahaggatehi dhammehi ye dhammā vippayuttā tehi dhammehi ye dhammā vippayuttā te dhammā . . . . pe . . . .

Ekena khandhena dasahāyatanehi soḷasahi dhātūhi vippayuttā ekanāyatanena ekāya dhātuyā kehici vippayuttā.

30 Appamāṇehi dhammehi ye dhammā—Parittehi dhammehi ye dhammā vippayuttā tehi dhammehi ye dhammā vippayuttā te dhammā . . . . pe . . . .

Na kehici khandehi na kehici āyatanehi chahi dhātūhi vippayuttā.

31 Parittārammaṇehi dhammehi ye dhammā vippayuttā tehi dhammehi ye dhammā vippayuttā te dhammā . . . . pe . . . .

Ekena khandhena dasahāyatanehi dasahi dhātūhi vippayuttā ekenāyatanena ekāya dhātuyā kehici vippayuttā.

32 Mahaggatārammaṇehi dhammehi ye dhammā— Appamāṇārammaṇehi dhammehi ye dhammā — Hīnehi dhammehi ye dhammā—Paṇītehi dhammehi ye dhammā — Micchattaniyatehi dhammehi ye dhammā — Sammattaniyatehi dhammehi ye dhammā—Maggārammaṇehi dhammehi ye dhammā — Maggahetukehi dhammehi ye dhammā—Maggādhipatīhi dhammehi ye dhammā vippayuttā tehi dhammehi ye dhammā vippayuttā te dhammā . . . . pe . . . .

Ekena khandhena dasahāyatanehi soḷasahi dhātūhi vippayuttā ekenāyatanena ekāya dhātuyā kehici vippayuttā.

33 Anuppannehi dhammehi ye dhammā vippayuttā tehi dhammehi ye dhammā vippayuttā te dhammā . . . . pe . . . .

Na kehici khandhehi na kehici āyatanehi pañcahi dhātūhi vippayuttā.

34 Atītārammaṇehi dhammehi ye dhammā—Anāgatārammaṇehi dhammehi ye dhammā vippayuttā tehi dhammehi ye dhammā vippayuttā te dhamma . . . . pe . . . .

Ekena khandhena dasahāyatanehi soḷasahi dhātūhi vippayuttā ekenāyatanena ekāya dhātuyā kehici vippayuttā.

35 Paccuppannārammaṇehi dhammehi ye dhammā— Ajjhattārammaṇehi dhammehi ye dhammā—Bahiddhārammaṇehi dhammehi ye dhammā—Ajjhattabahiddhārammaṇehi dhammehi ye dhammā vippayuttā tehi dhammehi ye dhammā vippayuttā te dhammā . . . . pe . . . .

Ekena khandhena dasahāyatanehi dasahi dhātūhi vippayuttā ekenāyatanena ekāya dhātuyā kehici vippayuttā.

36 Sanidassana-sappaṭighehi dhammehi ye dhammā— Anidassana-sappaṭighehi dhammehi ye dhammā vippa-

yuttā tehi dhammehi ye dhammā vippayuttā te dhammā . . . . pe . . . .

Catuhi khandhehi ekenāyatanena sattahi dhātūhi vippayutta ekenāyatanena ekāya dhātuyā kehici vippayuttā.

37 Hetuhi dhammehi ye dhammā—Sahetukehi dhammehi ye dhammā — Hetu-sampayuttehi dhammehi ye dhammā—Hetu c'eva sahetukehi dhammehi ye dhammā—Hetu c'eva hetu-sampayuttehi dhammehi ye dhammā—Hetu-sampayuttā c'eva na ca hetuhi dhammehi ye dhammā—Na hetu sahetukehi dhammehi ye dhammā vippayuttā tehi dhammehi ye dhammā vippayuttā te dhammā . . . . pe . . . .

Ekena khandhena dasahāyatanehi soḷasahi dhātūhi vippayuttā ekenāyatanena ekāya dhātuyā kehici vippayuttā.

38 Appaccayehi dhammehi ye dhammā — Asāṃkatehi dhammehi ye dhammā — Sanidassanehi dhammehi ye dhammā—Sappaṭighehi dhammehi ye dhammā—Rūpīhi dhammehi ye dhammā vippayuttā tehi dhammehi ye dhammā vippayuttā te dhammā . . . . pe . . . .

Catuhi khandhehi ekenāyatanena sattahi dhātūhi vippayuttā ekenāyatanena ekāya dhātuyā kehici vippayuttā.

39 Lokuttarehi dhammehi ye dhammā vippayuttā tehi dhammehi ye dhammā vippayuttā te dhammā . . . . pe . . . .

Na kehici khandhehi na kehici āyatanehi chahi dhātūhi vippayuttā.

40 Āsavehi dhammehi ye dhammā—Āsava-sampayuttehi dhammehi ye dhammā—Āsavā c'eva sasavehi dhammehi ye dhammā—Āsavā c'eva āsava-sampayuttehi dhammehi ye dhammā—Āsava-sampayuttā c'eva no ca āsavehi dhammehi ye dhammā vippayuttā tehi dhammehi ye dhammā vippayuttā te dhammā . . . . pe . . . .

Ekena khandhena dasahāyatanehi soḷasahi dhātūhi vippayuttā ekenāyatanena ekāya dhātuyā kehici vippayuttā.

41 Anāsavehi dhammehi ye dhammā—Āsava-vippayuttā anāsavehi dhammehi ye dhammā vippayuttā tehi dhammehi ye dhammā vippayuttā te dhammā . . . . pe . . . .

Na kehici khandhehi na kehici āyatanehi chahi dhātūhi vippayuttā.

42 Saṃyojanehi dhammehi ye dhammā . . . . pe . . . .
Ganthehi dhammehi ye dhammā—Oghehi dhammehi ye dhammā—Yogehi dhammehi ye dhammā — Nīvaraṇehi dhammehi ye dhammā—Parāmāsehi dhammehi ye dhammā — Parāmāsa-sampayuttehi dhammehi ye dhammā—Pāramāsā c'eva parāmaṭṭhehi dhammehi ye dhammā vippayuttā tehi dhammehi ye dhammā vippayuttā te dhammā . . . . pe . . . .

Ekena khandhena dasahāyatanehi soḷasahi dhātūhi vippayuttā ekenāyatanena ekāya dhātuyā kehici vippayuttā.

43 Aparāmaṭṭhehi dhammehi ye dhammā—Parāmāsavippayuttā aparāmaṭṭhehi dhammehi ye dhammā vippayuttā tehi dhammehi ye dhammā vippayuttā te dhammā . . . . pe . . . .

Na kehici khandhehi na kehici āyatanehi chahi dhātūhi vippayuttā.

44 Sārammaṇehi dhammehi ye dhammā—Cittehi dhammehi ye dhammā—Cetasikehi dhammehi ye dhammā—Cittā-sampayuttehi dhammehi ye dhammā—Citta-saṃsaṭṭhehi dhammehi ye dhammā—Citta-saṃsaṭṭha-samuṭṭhānehi dhammehi ye dhammā—Citta-saṃsaṭṭha-samuṭṭhāna-sahabhūhi dhammehi ye dhammā—Citta-samsaṭṭha-samuṭṭhānānuparivattīhi dhammehi ye dhammā vippayuttā te dhammā . . . . pe . . . .

Ekena khandhena dasahāyatanehi dasahi dhātūhi vippayuttā ekenāyatanena ekāya dhātuyā kehici vippayuttā.

45 Ārammaṇehi dhammehi ye dhammā—Citta-vippayuttehi dhammehi ye dhammā—Citta-saṃsaṭṭhehi dhammehi ye dhammā—Upādā-dhammehi ye dhammā vippayuttā tehi dhammehi ye dhammā vippayuttā te dhammā . . . . pe . . . .

Catuhi khandhehi ekenāyatanena sattahi dhātūhi vippayuttāekenāyatanena ekāya dhātuyā kehici vippayuttā.

46 Anupādiṇṇehi dhammehi ye dhammā vippayuttā tehi dhammā ye dhammehi vippayuttā te dhammā . . . . pe . . . .

Na kehici khandhehi na kehici āyatanehi pañcahi dhātūhi vippayuttā.

47 Upādānehi dhammehi ye dhammā . . . . pe . . . .

Kilesehi dhammehi ye dhammā—Saṃkiliṭṭhehi dhammehi ye dhammā — Kilesa-sampayuttehi dhammehi ye dhammā — Kilesa c'eva saṃkilesekehi dhammehi ye dhammā—Kilesā c'eva saṃkiliṭṭhehi dhammehi ye dhammā —Kilesā c'eva kilesa-sampayuttehi dhammehi ye dhammā —Kilesa-sampayuttā c'eva no ca kilesehi dhammehi ye dhammā vippayuttā tehi dhammehi ye dhammā vippayuttā te dhammā . . . . pe . . . .

Ekena khandhena dasahāyatanehi soḷasahi dhātūhi vippayuttā ekenāyatanena ekāya dhātuyā kehici vippayuttā.

48 Asaṃkilesikehi dhammehi ye dhammā—Kilesa-vippayutta-asaṃkilesikehi dhammehi ye dhammā vippayuttā tehi dhammehi ye dhammā vippayuttā te dhammā . . . . pe . . . .

Na kehici khandhehi na kehici āyatanehi chahi dhātūhi vippayuttā.

49 Dassanena pahātabbehi dhammehi ye dhammā—Bhāvanāya pahātabbehi dhammehi ye dhammā—Dassanena pahātabba-hetukehi dhammehi ye dhammā—Bhāvanāya pahātabba-hetukehi dhammehi ye dhammā vippayuttā tehi dhammehi ye dhammā vippayuttā te dhammā . . . . pe . . . .

Ekena khandhena dasahāyatanehi paṇṇarasahi dhātūhi vippayuttā ekenāyatanena ekāya dhātuyā kehici vippayuttā.

50 Savitakkehi dhammehi ye dhammā — Savicārehi dhammehi ye dhammā vippayuttā tehi dhammehi ye dhammā vippayuttā te dhammā . . . . pe . . . .

Ekena khandhena dasahāyatanehi paṇṇarasahi dhātūhi vippayuttā ekenāyatanena ekāya dhātuyā kehici vippayuttā.

51 Avitakkehi dhammehi ye dhammā—Avicārehi dhammehi ye dhammā vippayuttā tehi dhammehi ye dhammā vippayuttā te dhammā . . . . pe . . . .

Na kehici khandhehi na kehici āyatanehi ekāya dhātuyā vippayuttā.

52 Sappītikehi dhammehi ye dhammā—Pītisahagatehi dhammehi ye dhammā vippayuttā tehi dhammehi ye dhammā vippayuttā te dhammā . . . . pe . . . .

Ekena khandhena dasahāyatanehi soḷasahi dhātūhi vippayuttā ekenāyatanena ekāya dhātuyā kehici vippayuttā.

52 Sukhasahagatehi dhammehi ye dhammā vippayuttā tehi dhammehi ye dhammā vippayuttā te dhammā . . . . pe . . . .

Ekena khandhena dasahāyatanehi paṇṇarasahi dhātūhi vippayuttā ekenāyatanena ekāya dhātuyā kehici vippayuttā.

53 Upekhāsahagatehi dhammehi ye dhammā vippayuttā tehi dhammehi ye dhammā vippayuttā te dhammā . . . . pe . . . .

Ekena khandhena dasahāyatanehi ekādasahi dhātūhi vippayuttā ekenāyatanena ekāya dhātuyā kehici vippayuttā.

54 Na kāmavacarehi dhammehi ye dhammā—Apariyāpannehi dhammehi ye dhammā—Anuttarehi dhammehi ye dhammā vippayuttā tehi dhammehi ye dhammā vippayuttā te dhammā . . . . pe . . . .

Na kehici khandhehi na kehici āyatanehi chahi dhātūhi vippayuttā.

55 Rūpāvacarehi dhammehi ye dhammā—Arūpāvacarehi dhammehi ye dhammā—Niyyānikehi dhammehi ye dhammā—Niyatehi dhammehi ye dhammā—Saraṇehi dhammehi ye dhammā vippayuttā tehi dhammehi ye dhammā vippayuttā te dhammā katīhi khandhehi katīhi āyatanehi katīhi dhātūhi vippayuttā.

Te dhammā ekena khandhena dasahāyatanehi soḷasahi dhātūhi vippayuttā ekenāyatanena ekāya dhātuyā kehici vippayuttā.

Vippayuttena vippayutta pada niddeso.

XI.—Saṃgahitena Sampayuttaṃ Vippayuttaṃ.

1 Samudaya-saccena ye dhammā, magga-saccena ye dhammā khandha-saṃgahena asaṃgahītā āyatana-saṃgahena saṃgahītā dhātu-saṃgahena samgahītā te dhammā katīhi khandhehi katīhāyatanehi katīhi dhātūhi sampayuttā?

Te dhammā tīhi khandhehi ekenāyatanena sattahi dhātuhi sampayuttā ekena khandhena ekenāyatanena ekāya dhātuyā kehici sampayuttā.

Katīhi vippayuttā?

Ekena khandhena dasahāyatanehi dasahi dhātūhi vippayuttā ekenā yātanena ekāya dhātuyā kehici vippayuttā.

2 Itthindriyena ye dhammā, purisindriyena ye dhammā khandha-saṃgahena saṃgahitā āyatana-saṃgahena saṃgahītā dhātu-saṃgahena saṃgahītā te dhammā katīhi khandhehi katīhāyātanehi katīhi dhātūhi sampayuttā ti? Natthi. Katīhi vippayuttā.

Catuhi khandhehi ekenāyatanena sattahi dhātuhi vippayuttā ekenāyatanena ekāya dhātuyā kehici vippayuttā.

3 Sukkhindriyena ye dhammā — Dukkhindriyena ye dhammā—Somanassindriyena ye dhammā—Domanassindriyena ye dhammā khandhā-saṃgahena saṃgahītā āyatana-saṃgahena saṃgahitā dhātu-saṃgahena saṃgahītā te dhammā . . . . pe . . . .

Tīhi khandhehi ekenāyatanena sattahi dhātūhi sampayuttā ekenāyatanena ekāya dhātuyā kehici sampayuttā.

Katīhi vippayuttā?

Ekena khandhena dasahāyatanehi dasahi dhātūhi vippayuttā ekenāyatanena ekāya dhātuya kehici vippayuttā.

4 Upekhindriyena ye dhammā khandha-saṃgahena saṃgahītā ayatana-saṃgahena saṃgahītā dhatū-saṃgahena samgahītā te dhammā . . . . pe . . . .

Tīhi khandhehi ekenāyatanena dvīhi dhātūhi sampayuttā ekenāyatanena ekāya dhātuyā kehici sampayuttā.

Katīhi vippayuttā? Ekena khandhena dasahāyatanehi paṇṇarasahi dhātūhi vippayuttā ekenāyatanena ekāya dhātuya kehici vippayuttā.

5 Saddhindriyena ye dhammā—Viriyindriyena ye dhammā — Satindriyena ye dhammā — Samādhindriyena ye dhammā—Paññindriyena ye dhammā—Anaññātaññassamītindriyena ye dhammā—Aññindriyena ye dhammā—Aññatāvindriyena ye dhammā—Avijjāya ye dhammā—Avijjā-paccayā saṃkhārena ye dhammā—Saḷāyatana-paccayā phassena ye dhammā—Vedanā-paccayā taṇhāya ye dhammā—Taṇhā-paccayā upādānena ye dhammā—Kammābhavena ye dhammā khandha-saṃgahena saṃgahītā āyatana-saṃgahena saṃgahītā dhātu-saṃgahena saṃgahītā te dhammā . . . . pe . . . .

Tīhi khandhehi ekenāyatanena sattahi dhātūhi sampayuttā ekena khandhena ekenāyatanena ekāya dhātuyā kehici sampayuttā.

Katīhi vippayuttā?

Ekena khandhena dasahi āyatanehi dasahi dhātūhi vippayuttā ekenāyatanena ekāya dhātuyā kehici viyyayuttā.

Paridevena ye dhammā khandha-saṃgahena saṃgahītā āyatana-saṃgahena saṃgahītā dhātu-saṃgahena saṃgahītā te dhammā katīhi khandhehi katīhi āyatanehi katīhi dhātūhi sampayuttā ti? Natthi. Katīhi vippayuttā?

Catuhi khandhehi ekenāyatanena sattahi dhātūhi vippayuttā ekenāyatanena ekāya dhātuyā kehici vippayuttā.

7 Sokena ye dhammā—Dukkhena ye dhammā—Domanassena ye dhammā khandha-saṃgahena samgahītā āyatana-saṃgahena samgahītā dhātu-saṃgahena saṃgahītā te dhammā . . . . pe . . . .

Tīhi khandhehi ekenāyatanena sattahi dhātūhi sampayuttā ekenāyatanena ekāya dhātuyā kehici sampayuttā.

Katīhi vippayuttā?

Ekena khandhena dasahāyatanehi dasahi dhātūhi vippayuttā ekenāyatanena ekāya dhātuyā kehici vippayuttā.

8 Upāyasena ye dhammā—Satipaṭṭhānena ye dhammā

— Sammappadhānena ye dhammā — Appamaññāya ye dhammā—Pañcahi indriyehi ye dhammā—Pañcahi balehi ye dhammā—Sattahi bhojjaṃgehi ye dhammā—Ariyena aṭṭhaṃgikena maggena ye dhammā—Phassena ye dhammā—Cetanāya ye dhammā—Adhimokkhena ye dhammā—Manasikārena ye dhammā—Hetuhi dhammehi ye dhammā —Hetu c'eva sahetukehi dhammehi ye dhammā—Hetu c'eva hetusampayuttehi dhammehi ye dhammā—Āsavehi dhammehi ye dhammā—Āsavā c'eva sāsavehi dhammehi ye dhammā—Āsavā c'eva āsavasampayuttehi dhammehi ye dhammā—Saṃyojanehi dhammehi ye dhammā . . . . pe . . . . Ganthehi dhammehi ye dhammā—Oghehi dhammehi ye dhammā—Yogehi dhammehi ye dhammā—Nīvaraṇehi dhammehi ye dhammā—Parāmāsehi dhammehi ye dhammā—Upādāniyehi dhammehi ye dhammā—Kilesihi dhammehi ye dhammā—Kilesā c'eva saṃkilesikehi dhammehi ye dhammā—Kilesā c'eva saṃkiliṭṭehi dhammehi ye dhammā — Kilesā c'eva kilesasampayuttehi dhammehi ye dhammā khandha-saṃgahena saṃgahītā āyatana-saṃgahena saṃgahitā dhātu-saṃgahena saṃgahītā te dhammā katihi khandhehi katīhāyatanehi katīhi dhātūhi sampayuttā ?

Te dhammā tīhi khandhehi ekenāyatanena sattahi dhātuhi sampayuttā ekena khandhena ekenāyatanena ekāya dhātuyā kehici sampayuttā.

Katīhi vippayuttā ?

Ekena khandhena dasahāyatanehi dasahi dhātūhi vippayuttā ekenāyatanena ekāya dhātuyā kehici vippayuttā.

Saṃgahītena sampayutta-vippayutta-padaniddeso.

XII.—Sampayuttena Saṃgahītaṃ Asaṃgahītaṃ.

1 Vedanākkhandhena ye dhammā—Saññākkhandhena ye dhammā—Saṃkhārakkhandhena ye dhammā sampayuttā te dhammā[1] katīhi khandhehi katīhāyatanehi katīhi dhātūhi saṃgahītā.

Te dhammā tīhi khandhehi divīhāyatanehi aṭṭhahi dhātūhi saṃgahītā.

Katīhi asaṃgahītā?

Dvīhi khandhehi dasahāyatanehi dasahi dhātūhi asaṃgahītā.

2 Viññāṇakkhandhena ye dhammā—Manāyatanena ye dhammā—Cakkhu-viññāṇa-dhātuyā ye dhammā . . . . pe . . . . Manodhātuyā ye dhammā—Mano-viññāṇa-dhātuyā ye dhamma sampayuttā te dhammā . . . . pe . . . .

Tīhi khandhehi ekenāyatanena ekāya dhātuyā saṃgahītā.

Katīhi asaṃgahītā?

Dvīhi khandhehi ekādasahi āyatanehi sattarasahi dhātūhi asaṃgahitā.

3 Samudaya-saccena ye dhammā—Magga-saccena ye dhammā sampayuttā te dhammā . . . . pe . . . .

Catuhi khandhehi dvīhāyatanehi dvīhi dhātūhi saṃgahītā.

Katīhi asaṃgahītā?

Ekena khandhena dasahāyatanehi soḷasahi dhātūhi asaṃgahītā.

4 Manindriyena ye dhammā sampayuttā te dhammā . . . . pe . . . .

Tīhi khandhehi ekenāyatanena ekāya dhātuyā saṃgahītā.

---

[1] Gun *adds* . . . . pe . . . .

Katīhi asaṃgahītā?

Dvīhi khandhehi ekādasahi āyatanehi sattarasahi dhātūhi asaṃgahītā.

5 Sukhindriyena ye dhammā — Dukkhindriyena ye dhammā—Somanassindriyena ye dhammā—Domanassindriyena ye dhammā sampayuttā te dhammā . . . . pe . . . .

Tīhi khandhehi dvīhāyatanehi dvīhi dhātūhi saṃgahītā.

Katīhi asaṃgahītā?

Dvīhi khandhehi dasahāyatanehi soḷasahi dhātūhi asaṃgahītā.

6 Upekhindriyena[1] ye dhammā sampayuttā te dhammā . . . . pe . . . .

Tīhi khandhehi dvīhāyatanehi sattahi dhātūhi saṃgahītā.

Katīhi asaṃgahītā?

Dvīhi khandhehi dasahāyatanehi ekadasahi dhātūhi asaṃgahītā.

7 Saddhindriyena ye dhammā—Viriyindriyena ye dhammā — Satindriyena ye dhammā — Samādhindriyena ye dhammā—Paññindriyena ye dhammā—Anaññātaṃ[2] ñassāmītindriyena ye dhammā—Aññindriyena ye dhammā—Aññatāvindriyena ye dhammā—Avijjāya ye dhammā—Avijjā-paccayā saṃkhārena ye dhammā sampayuttā te dhammā . . . . pe . . . .

Catuhi khandhehi dvīhayatanehi dvīhi dhātūhi saṃgahītā.

Katīhi asaṃgahītā?

Ekena khandhena dasahāyatanehi soḷasahi dhātūhi asaṃgahītā.

8 Saṃkhāra-paccayā vinnāṇena ye dhammā sampayuttā te dhammā . . . . pe . . . .

Tīhi khandhehi ekenāyatanena ekāya dhātuyā saṃgahītā.

Katīhi asaṃgahītā?

Dvīhi khandhehi ekādasahi āyatanehi sattarasahi dhātūhi asaṃgahītā.

---

[1] Gun Upekkho. [2] Gun anaññātaññassāmit.

9 Saḷāyatana-paccayā phassena ye dhammā sampayuttā te dhammā . . . . pe . . . .

Catuhi khandhehi dvīhāyatanehi aṭṭhahi dhātūhi saṃgahītā.

Katīhi asaṃgahītā ?

Ekena khandhena dasahāyatanehi dasahi dhātūhi asaṃgahītā.

10 Phassa-paccayā vedanāya ye dhammā sampayuttā te dhammā . . . . pe . . . .?

Tīhi khandhehi dvīhāyatanehi aṭṭhahi dhātūhi saṃgahītā.

Katīhi asaṃgahītā ?

Dvīhi khandhehi dasahāyatanehi dasahi dhātūhi asaṃgahītā.

11 Vedanā-paccayā taṇhāya ye dhammā—Taṇhā-paccayā upādānena ye dhammā—Kamma-bhavena ye dhammā sampayuttā te dhammā . . . . pe . . . .?

Catuhi khandhehi dvīhāyatanehi dvīhi dhātūhi saṃgahītā.

Katīhi asaṃgahītā ?

Ekena khandhena dasahāyatanehi soḷasahi dhātūhi asaṃgahītā.

12 Sokena ye dhammā—Dukkhena ye dhammā—Domanassena ye dhammā sampayuttā te dhammā . . . . pe . . . .?

Tīhi khandhehi dvīhāyatanehi dvīhi dhātūhi saṃgahītā.

Katīhi asaṃgahītā ?

Dvīhi khandhehi dasahāyatanehi soḷasahi dhātūhi asaṃgahītā.

13 Upāyāsena ye dhammā—Satipaṭṭhānena ye dhammā—Sammappadhānena ye dhammā sampayuttā te dhammā . . . . pe . . . .?

Catuhi khandhehi dvīhāyatanehi dvīhi dhātūhi saṃgahītā.

Katīhi asaṃgahītā ?

Ekena khandhena dasahāyatanehi soḷasahi dhātūhi asaṃgahītā.

14 Iddhipādena ye dhammā sampayuttā te dhammā . . . . pe . . . .

Tīhi khandhehi ekenāyatanena ekāya dhātuyā saṃgahītā.

Katīhi asaṃgahītā?

Dvīhi khandhehi ekādasahi āyatanehi sattarasahi dhātūhi asaṃgahītā.

15 Jhānena ye dhammā sampayuttā te dhammā . . . . pe . . . .?

Tīhi khandhehi dvīhāyatanehi dvīhi dhātūhi saṃgahītā.

Katīhi asaṃgahītā?

Dvīhi khandhehi dasahāyatanehi soḷasahi dhātūhi asaṃgahītā.

16 Appamaññāya ye dhammā — Pañcahi balehi ye dhammā—Sattahi bhojjhaṃgehi ye dhammā—Ariyena aṭṭhaṃgikena maggena ye dhammā sampayuttā te dhammā . . . . pe . . . .?

Catuhi khandhehi dvīhāyatanehi aṭṭhahi dhātūhi saṃgahītā.

Katīhi asaṃgahītā?

Ekena khandhena dasahāyatanehi soḷasahi dhātūhi asaṃgahītā.

17 Phassena ye dhammā—Cetanāya ye dhammā—Manasikāreṇa ye dhammā sampayuttā te dhammā . . . . pe . . . .?

Catuhi khandhehi dvīhāyatanehi aṭṭhahi dhātūhi saṃgahītā.

Katīhi asaṃgahītā?

Ekena khandhena dasahāyatanehi dasahi dhātūhi asaṃgahītā.

18 Vedanāya ye dhammā—Saññāya ye dhammā—Sampayuttā te dhammā . . . . pe . . . .?

Tīhi khandhehi dvīhāyatanehi aṭṭhahi dhātūhi saṃgahītā.

Katīhi asaṃgahītā?

Dvīhi khandhehi dasahāyatanehi dasahi dhātūhi asaṃgahītā.

19 Cittena ye dhammā sampayuttā te dhammā . . . . pe . . . .?

Tīhi khandhehi ekenāyatanena ekāya dhātuyā samgahītā.

Katīhi asaṃgahītā?

Ekena khandhena dasahāyatanehi paṇṇarasahi dhātūhi asaṃgahītā.

20 Sukhāya vedanāya sampayuttehi dhammehi ye dhammā—Dukkhaya vedanāya sampayuttehi dhammehi ye dhammā—Adukkhamasukhāya vedanāya sampayuttehi dhammehi ye dhammā—Savitakkā-savicārehi dhammehi ye dhammā—Avitakka-vicara-mattehi dhammehi ye dhammā—Pīti-sahagatehi dhammehi ye dhammā—Sukha-sahagatehi dhammehi ye dhammā—Upekhā-sahagatehi dhammehi ye dhammā sampayuttā te dhammā .... pe ....?

Ekena khandhena ekenāyatanena ekāya dhātuyā asaṃgahītā.

Katīhi asaṃgahītā?

Catuhi khandhehi ekādasahi āyatanehi sattarasahi dhātūhi asaṃgahītā.

21 Hetūhi dhammehi ye dhammā—Hetu c'eva sahetukehi dhammehi ye dhammā—Hetu-sampayuttehi dhammehi ye dhammā sampayuttā te dhammā .... pe ....?

Catuhi khandhehi dvīhāyatanehi dvīhi dhātūhi saṃgahītā.

Katīhi asaṃgahītā?

Ekena khandhena dasahāyatanehi soḷasahi dhātūhi asaṃgahītā—Sahetukā c'eva na ca hetuhi dhammehi ye dhammā—Hetu-sampayuttā c'eva na ca hetuhi dhammehi ye dhammā—Na hetu sahetukehi dhammehi ye dhammā sampayuttā te dhammā .... pe ....?

Ekena khandhena ekenāyatanena ekāya dhātuyā saṃgahīta.

Katīhi asaṃgahītā?

Catuhi khandhehi ekādasahi āyatanehi sattarasahi dhātūhi asaṃgahītā.

22 Āsavehi dhammehi ye dhammā—Āsavā c'eva sāsavehi dhammehi ye dhammā—Āsavā c'eva āsava-sampayuttehi dhammehi ye dhammā sampayuttā te dhammā .... pe ....?

Catuhi khandhehi dvīhāyatanehi dvīhi dhātūhi saṃgahītā.

Kātīhi asaṃgahīta?

Ekena khandhena dasahāyatanehi soḷasahi dhātūhi asaṃgahītā.

23 Āsava-sampayuttā c'eva no ca āsavehi dhammehi ye dhammā saṃpayuttā te dhammā . . . . pe . . . .?

Ekena khandhena ekenāyatanena ekāya dhātuyā saṃgahītā.

Katīhi asaṃgahītā?

Catuhi khandhehi ekādasahi āyatanehi sattarasahi dhātūhi asaṃgahītā.

24 Saṃyojanehi dhammehi ye dhammā . . . . pe . . . . Ganthehi dhammehi ye dhammā—Oghehi dhammehi ye dhammā yogehi dhammehi ye dhammā — Nīvaraṇehi dhammehi ye dhammā . . . . pe . . . . Parāmāsehi dhammehi ye dhammā—Parāmāsā c'eva parāmaṭṭhehi dhammehi ye dhammā sampayuttā te dhammā . . . . pe . . . .?

Catuhi khandhehi dvīhāyatanehi dvīhi dhātūhi saṃgahītā.

Katīhi asaṃgahītā?

Ekena khandhena dasahāyatanehi soḷasahi dhātūhi asaṃgahītā.

25 Parāmāsa-sampayuttehi dhammehi ye dhammā sampayuttā te dhamma . . . . pe . . . .?

Ekena khandhena ekenāyatanena ekāya dhātuyā saṃgahītā.

Katīhi asaṃgahītā?

Catuhi khandhehi ekadasahi āyatanehi sattarasahi dhātūhi asaṃgahitā.

26 Cittehi dhammehi ye dhammā sampayuttā te dhammā . . . pe . . . .?

Tīhi khandhehi ekenāyatanena ekāya dhātuyā saṃgahītā.

Kathīhi asaṃgahitā?

Dvīhi khandhehi ekādasahi āyatanehi sattarasahi dhātuhi asamgahītā.

27 Cetasikehi dhammehi ye dhammā—Citta-saṃsaṭṭhehi dhammehi ye dhammā — Citta-saṃsaṭṭha-samuṭṭhānehi dhammehi ye dhammā — Cittta-saṃsaṭṭha-samuṭṭhāna-sahabhūhi dhammehi ye dhammā—Citta-saṃsaṭṭha-sa-

mutthānānuparivattīhi dhammehi ye dhammā sampayuttā te dhammā . . . . pe . . . . ?

Ekena khandhena ekenāyatanena sattahi dhātūhi saṃgahītā.

Katīhi asaṃgahītā ?

Catuhi khandhehi ekādasahi āyatanehi ekādasahi dhātūhi asaṃgahītā.

28 Upādānehi dhammehi ye dhammā . . . . pe . . . .

Kilesehi dhammehi ye dhammā—Kilesā c'eva saṃkilesikehi dhammehi ye dhammā—Kilesā c'eva saṃkiliṭṭhehi dhammehi ye dhammā—Kilesā c'eva kilesa-sampayuttehi dhammehi ye dhammā sampayuttā te dhammā . . . . pe . . . . ?

Catuhi khandhehi dvihāyatanehi dvīhi dhātūhi saṃgahītā.

Katīhi asaṃgahītā ?

Ekena khandhena dasahāyatanehi soḷasahi dhātūhi asaṃgahītā.

29 Saṃkilesā c'eva no ca kilesehi dhammehi ye dhammā —Kilesa-sampayuttā c'eva no ca kilesehi dhammehi ye dhammā—Savitakkehi dhammehi ye dhammā—Savicārehi dhammehi ye dhammā—Sappītikehi dhammehi ye dhammā —Pīti-sahagatehi dhammehi ye dhammā—Sukha-sahagatehi dhammehi ye dhammā—Upekhā-sahagatehi dhammehi ye dhammā sampayuttā te dhammā katīhi khandhehi katīhāyatanehi katīhi dhātūhi saṃgahītā ?

Te dhammā ekena khandhena ekenāyatanena ekāya dhātuyā saṃgahītā.

Katīhi asaṃgahītā ?

Catuhi khandhehi ekādasahi āyatanehi sattarasahi dhātūhi asaṃgahītā.

Sampayuttena saṃgahītāsaṃgahīta-pada-niddeso.

XIII.—Asaṃgahītena Sampayuttaṃ Vippayuttaṃ.

1 Rūpakkhandhena ye dhammā khandha-saṃgahena asaṃgahītā āyatana-saṃgahena asaṃgahītā dhātū-saṃgahena asaṃgahītā te dhammā katīhi khandhehi katīhāyatanehi katīhi dhātūhi sampayutta? Te dhammā tīhi khandhehi sampayuttā ekenāyatanena ekāya dhātuyā kehici sampayuttā.

Katīhi vippayuttā?

Ekena khandhena dasahāyatanehi dasahi dhātūhi vippayuttā ekenāyatanena ekāya dhātuyā kehici vippayuttā.

2 Dhammāyatanena ye dhammā—Dhammā-dhātuyā ye dhammā—Itthindriyena ye dhammā—Purisindriyena ye dhammā—Jivitindrīyena ye dhammā—Viññāṇa-paccayā nāmarupena ye dhammā—Asañña-bhavena ye dhammā—Eka-vokāra-bhavena ye dhammā—Jātiyā ye dhammā—Jarāya ye dhammā—Maraneṇa ye dhammā khandha-saṃgahena asāṃgahītā dhātu-samgahena asaṃgahītā te dhammā . . . . pe . . . .

Tīhi khandhehi sampayuttā ekenāyatanena ekāya dhātuyā kehici sampayuttā.

Katīhī vippayuttā?

Ekena khandhena dasahāyatanehi dasahi dhātūhi vippayuttā ekenāyatanena ekāya dhātuyā kehici vippayuttā.

3 Arūpa-bhavena ye dhammā—Nevasaññānāsaññabhavena ye dhammā—Catu-vokāra-bhavena ye dhammā—Iddhipādena ye dhammā khandha-saṃgahena asaṃgahītā āyatana-saṃgahena asaṃgahītā dhātu-saṃgahena asaṃgahītā te dhammā katīhi khandhehi katīhāyatanehi katīhi dhātūhi sampayuttā ti?

Natthi.

Katīhi vippayuttā?

Catuhi khandhehi ekenāyatanena sattahi dhātūhi vippayuttā ekenāyatanena ekāya dhātuyā kehici vippayuttā.

4 Kusalehi dhammehi ye dhammā—Akusalehi dhammehi ye dhammā—Sukhāya vedanāya sampayuttehi dhammehi ye dhammā—Dukkhāya vedanāya sampayuttehi dhammehi ye dhammā—Adukkhamasukhāya vedanāya sampayuttehi dhammehi ye dhammā—Vipākehi dhammehi ye dhammā—Vipāka-dhamma-dhammehi ye dhammā—Anupadinna-anupādaniyehi dhammehi ye dhammā—Saṃkiliṭṭha-saṃkilesikehi dhammehi ye dhammā—Asaṃkiliṭṭha-asamkilesikehi dhammehi ye dhammā—Savitakka-savicārehi dhammehi ye dhammā—Avitakka-avicāramattehi dhammehi ye dhammā—Pīti-sahagatehi dhammehi ye dhammā—Sukha-sahagatehi dhammehi ye dhammā—Upekhā-sahagatehi dhammehi ye dhammā—Dassanena pahātabbehi dhammehi ye dhammā—Bhāvanāya pahatabbehi dhammehi ye dhammā—Dassanena pahātabba-hetukehi dhammehi ye dhammā—Bhavanāya pahātabba-hetukehi dhammehi ye dhammā—Ācayagāmīhi dhammehi ye dhammā—Apacayagāmihi dhammehi ye dhammā—Sekkhehi dhammehi ye dhammā—Asekkhehi dhammehi ye dhammā—Mahaggatehi dhammehi ye dhammā—Appamāṇehi dhammehi ye dhammā—Parittārammaṇehi dhammehi ye dhammā—Mahaggatārammaṇehi dhammehi ye dhammā—Appamāṇārammaṇehi dhammehi ye dhammā—Hīrehi dhammehi ye dhammā—Paṇītehi dhammehi ye dhammā—Micchatta-niyatehi dhammehi ye dhammā—Samatta-niyatehi dhammehi ye dhammā—Maggārammaṇehi dhammehi ye dhammā—Maggahetukehi dhammehi ye dhammā—Maggādhipatīhi dhammehi ye dhammā—Atītārammaṇehi dhammehi ye dhammā—Anāgatārammaṇehi dhammehi ye dhammā—Paccuppannārammaṇehi dhammehi ye dhammā—Ajjhattārammaṇehi dhammehi ye dhammā—Bahiddhārammaṇehi dhammehi ye dhammā—Ajjhattā-bahiddhārammaṇehi dhammehi ye dhammā—Sahetukehi dhammehi ye dhammā—Hetu-sampayuttehi dhammehi ye dhammā—Sahetukā c'eva na ca hetūhi dhammehi ye dhammā—Hetu-sampayuttā c'eva na ca hetu-dhammehi ye dhammā—Na-

hetu-sahetukehi dhammehi ye dhammā khandha-saṃgahena asaṃgahītā āyatana-saṃgahena asaṃgahītā dhātu-saṃgahena asaṃgahītā te dhammā katīhi khandhehi katīhāyatanehi katīhi dhātūhi sampayuttā ti?

Natthi.

Katīhi vippayuttā?

Catūhi khandhehi ekenāyatanena sattahi dhātuhi vippayuttā ekenāyatanena ekāya dhatuyā kehici vippayuttā.

5 Rūpīhi dhammehi ye dhammā khandha-saṃgahena asaṃgahītā ayatana-saṃgahena asaṃgahītā dhātu-saṃgahena asaṃgahītā te dhammā . . . . pe . . . .?

Tīhi khandhehi sampayuttā ekenāyatanena ekāya dhātuyā kehici sampayuttā.

Katīhi vippayuttā?

Ekena khandhena dasahāyatanehi dasahi dhātūhi vippayuttā ekenāyatanena ekāya dhātuyā kehici vippayuttā.

6 Arūpīhi dhammehi ye dhammā—Lokuttarehi dhammehi ye dhammā—Anāsavehi dhammehi ye dhammā—Āsava-sampayuttehi dhammehi ye dhammā—Āsava-sampayuttā c'eva no ca āsavehi dhammehi ye dhammā—Asava-vippayuttā anāsavehi dhammehi ye dhammā—Asaṃyojanehi dhammehi ye dhammā—Aganthaniyehi dhammehi ye dhammā—Anoghaniyehi dhammehi ye dhammā—Ayoganiyehi dhammehi ye dhammā—Anīvaraṇiyehi dhammehi ye dhammā—Aparāmaṭṭhehi dhammehi ye dhammā—Parāmāsa-sampayuttehi dhammehi ye dhammā—Parāmāsa-vippayutta-aparāmaṭṭhehi dhammehi ye dhammā—Sārammaṇehi dhammehi ye dhammā khandha-saṃgaheṇa asaṃgahītā āyatana-saṃgahena asaṃgahītā dhātu-saṃgahena asaṃgahītā te dhammā katīhi khandhehi katīhāyatanehi katīhi dhātūhi sampayuttā ti?

Natthi.

Katīhi vippayuttā?

Catuhi khandhehi ekenāyatanena sattahi dhātūhi vippayuttā ekenāyatanena ekāya dhātuyā kehici vippayuttā.

7 Anārammaṇehi dhammehi ye dhammā—No cittehi dhammehi ye dhammā—Citta vippayuttehi dhammehi ye

dhammā—Cittā-saṃsaṭṭhehi dhammehi ye dhammā—Cittasamuṭṭhānehi dhammehi ye dhammā—Citta-sahabhūhi dhammehi ye dhammā—Cittānuparivattīhi dhammehi ye dhammā—Bāhirehi dhammehi ye dhammā—Upādā-dhammehi ye dhammā khandha-saṃgahena asaṃgahītā āyatana-saṃgahena asaṃgahītā dhātu-saṃgahena asaṃgahītā te dhammā-katīhi dhātuhi sampayuttā?

Te dhamma tīhi khandhehi sampayuttā ekenāyatanena ekāya dhātuyā kehici sampayuttā.

Katīhi vippayuttā?

Ekena khandhena dasahāyatanehi dasahi dhātūhi vippayuttā ekenāyatanena ekāya dhātuyā kehici vippayuttā.

8 Anupādāniyehi dhammehi ye dhammā—Upādāna-sampayuttehi dhammehi ye dhammā—Upādāna vippayutta-anupādānehi dhammehi ye dhammā—Asaṃkilesikehi dhammehi ye dhammā—Asaṃkiliṭṭhehi dhammehi ye dhammā—Kilesa-sampayuttehi dhammehi ye dhammā—Saṃkiliṭṭhā c'eva no ca kilesehi dhammehi ye dhammā—Kilesa-sampayuttā c'eva no ca kilesehi dhammehi ye dhammā—Kilesa-vippayutta asaṃkilesikehi dhammehi ye dhammā—Dassanena pahātabbehi dhammehi ye dhammā—Bhāvanāya pahātabbehi dhammehi ye dhammā—Dassanena pahātabba-hetukehi dhammehi ye dhammā—Bhāvanāya pahātabba-hetukehi dhammehi ye dhammā—Savitakkehi dhammehi ye dhammā—Savicārehi dhammehi ye dhammā — Sappītikehi dhammehi ye dhammā — Pīti-sahagatehi dhammehi ye dhammā — Sukha-sahagatehi dhammehi ye dhammā—Upekha-sahagatehi dhammehi ye dhammā—Kamāvacarehi dhammehi ye dhammā—Rūpāvacarehi dhammehi ye dhammā—Arūpāvacarehi dhammehi ye dhammā—Apariyāpannehi dhammehi ye dhammā—Niyyānikehi dhammehi ye dhammā—Niyatehi dhammehi ye dhammā—Anuttarehi dhammehi ye dhammā—Saraṇehi dhammehi ye dhammā khandha-saṃgahena asaṃgahītā āyatana-saṃgahena asaṃgahītā dhātu-saṃgahena asaṃgahīta te dhammā katīhi khandhehi katīhāyatanehi katīhi dhātūhi sampayuttā ti?

Natthi.

—

Katīhi vippayuttā ?

Catuhi khandhehi ekenāyatanena sattahi dhātuhi vippayuttā ekenāyatanena ekāya dhātuyā kehici vippayuttā.

Tatruddānaṃ.[1]

Rupañ ca dhammāyatanaṃ dhammā-dhatu itthī pumaṃ [2]
Jīvitam nāmarūpaṃ dve bhavā jāti jarā [3]
Maccu [4] rūpaṃ anārammaṇaṃ no cittena vippayuttaṃ [5]
Visaṃsaṭṭha-samuṭṭhāna-sahabhu-anuparivattī
Bāhiraṃ upādā dve vīsatiyo esa nayo subuddho.[6]

Asaṃgahitena sampayutta-vippayutta-[7]pada-niddesso.

---

[1] The following Uddāna recurs word for word (!) at the end of Chapter V.

[2] Sb Sd Gun. puma

[3] *So* MSS. and Gun. ; jarā ca *in* Ch. V.

[4] Sb Sd maccucā ; Gun. maccuvā. (*All* have jarā ca maccu *in* Ch. V.)

[5] Sb Sd no cittaṃ cittena vippayuttaṃ ; Gun. no cittaṁ (*sic*) cittena vippayutta (Ch. V. *omits* cittaṃ)

[6] Sb Sd sukhando (subuddho in Ch. V.)

[7] Gun. *omits*

XIV.—Vippayuttena Saṃgahītaṃ Asaṃgahītaṃ.

1 Rūpakkhandhena ye dhammā vippayuttā te dhammā katīhi khandhehi katīhāyatanehi katīhi dhātūhi saṃgahītā?

Te dhammā catuhi khandhehi dvīhayatanehi aṭṭhahi dhātūhī saṃgahītā.

Katīhi asaṃgahītā?

Ekena khandhena dasahāyatanehi dasahi dhātūhi asaṃgahītā.

2 Vedanākkhandhena ye dhammā—Saññākkhandena ye dhammā—Saṃkhārakkhandhena ye dhammā—Viññāṇakkhandhena ye dhammā—Manāyatanena ye dhammā—Manindriyena ye dhamma vippayuttā te dhammā katīhi khandhehi katīhāyatanehi katīhi dhātūhi saṃgahītā.

Te dhammā asaṃkhataṃ khandhato ṭhapetvā ekena khandhena ekādasahi āyatanehi ekādasahi dhātūhi saṃgahītā.

Katīhi asaṃgahītā?

Catuhi khandhehi ekenāyatanena sattahi dhātūhi asaṃgahitā.

3 Cakkhāyatanena ye dhammā . . . . pe . . . . Phoṭṭhabbhāyaṭanena ye dhammā—Cakkhu-dhātuyā ye dhammā . . . . pe . . . . Phoṭṭhabba-dhātuyā ye dhammā vippayuttā te dhammā . . . . pe . . . .?

Catuhi khandhehi dvīhāyatanehi aṭṭhahi dhātūhi saṃgahītā.

Katīhi asamgahītā?

Ekena khandhena dasahāyatanehi dasahi dhātūhi asaṃgahītā.

4 Cakkhu-viññāṇa-dhātuyā ye dhammā—Sota-viññāṇa-

dhātuyā ye dhammā—Ghāna-viññāṇa-dhātuyā ye dhammā — Jivhā-viññaṇa-dhātuyā ye dhammā — Kāya-viññāṇa-dhātuyā ye dhammā—Mano-dhātuyā ye dhammā—Mano-viññāṇa-dhātuyā ye dhammā vippayuttā te dhammā . . . . pe . . . .?

Asaṃkhataṃ khandato ṭhapetvā pañcahi khandhehi dvādasahi ayatanehi sattarasahi dhātūhi saṃgahītā.

Katīhi asaṃgahītā ?

Na kehici khandhehi na kehici āyatanehi ekāya dhātuyā asaṃgahītā.

5 Dukkha-saccena ye dhammā vippayuttā te dhammā . . . . pe . . . .?

Catuhi khandhehi dvihāyatanehi dvīhi dhātūhi saṃgahītā.

Katīhi asaṃgahītā ?

Ekena khandhena dasahāyatanehi soḷasahi dhātuhi asaṃgahītā.

6 Samudaya-saccena ye dhammā — Magga-saccena ye dhammā vippayuttā te dhammā . . . . pe . . . .?

Asaṃkhataṃ khandhato ṭhapetva pañcahi khandhehi dvādasahi āyatanehi aṭṭhārasahi dhātūhi saṃghahītā.

Katīhi asaṃgahītā ?

Na kehici khandhehi na kehicī āyatanehi na kāhica dhātūhi asaṃgahītā.

7 Nirodha-saccena ye dhammā — Cakkhundriyena ye dhammā—Sotindriyena ye dhammā—Ghānindriyena ye dhammā—Jivhindriyena ye dhammā—Kāyindriyena ye dhammā—Itthindriyena ye dhammā—Purisindriyena ye dhammā vippayuttā te dhammā . . . . pe . . . .?

Catuhi khandhehi dvihāyatanehi aṭṭahi dhātūhi saṃgahītā.

Katīhi asaṃgahītā ?

Ekena khandhena dasahāyatanehi dasahi dhātūhi asaṃgahītā.

8 Manindriyena ye dhammā—Sukhindriyena ye dhammā —Dukkhindriyena ye dhammā— Somanassindriyena ye dhammā—Domanassindriyena ye dhammā vippayuttā te dhammā . . . . pe . . . .?

Asaṃkhataṃ khandhato ṭhapetva pañcahi khandhehi dvādasahi āyatanhehi atthārasahi dhātūhi saṃgahītā.

Katīhi asaṃgāhītā ?

Na kehici khandhehi na kehici ayatanehi pañcahi dhātuhi asaṃgahītā.

9 Saddhindriyena ye dhammā — Viriyindriyena ye dhammā—Satindriyena ye dhammā—Samādhindriyena ye dhammā—Paññindriyena ye dhammā—Anaññātaṃ ñasāmītindriyena ye dhammā—Aññindriyena ye dhammā—Aññatāvindriyena ye dhammā—Avijjāya ye dhammā—Avijjā-paccayā saṃkhārena ye dhammā vippayuttā te dhammā . . . . pe . . . . ?

Asaṃkhataṃ khandhato ṭhapetvā pañcahi khandhehi dvādasahi āyatanehi aṭṭharasahi dhātūhi saṃgahītā.

Katīhi asaṃgahītā ?

Na kehici khandhehi na kehici āyatanehi na kāhici dhātūhi asaṃgahītā.

10 Saṃkhāra-paccayā viññānena ye dhammā—Saḷāyatana-paccayā phassena ye dhammā—Phassa-paccayā vedanāya ye dhammā vippayuttā te dhammā . . . . pe . . . . ?

Asaṃkhataṃ khandato ṭhapetvā ekena khandhena ekādasahi āyatanehi ekādasahi dhātūhi saṃgahītā.

Katīhi asaṃgahītā ?

Catuhi khandhehi ekenāyatanena sattahi dhātūhi asaṃgahītā.

11 Vedanā-paccayā taṇhaya ye dhammā—Tanhā-paccayā upādānena ye dhammā—Kamma-bhavena ye dhammā vippayuttā te dhammā . . . . pe . . . . ?

Asaṃkhatam khandhato ṭhapetvā pañcahi khandhehi dvādasahi āyatanehi aṭṭhārasahi dhātūhi saṃgahītā.

Katīhi asaṃgahītā ?

Na kehici khandhehi na kehici āyatanehi na kāhici dhātūhi asaṃgahītā.

12 Uppatti-bhavena ye dhammā—Saññā-bhavena ye dhammā—Pañca-vokāra-bhavena ye dhammā vippayuttā te dhammā . . . . pe . . . . ?

Catuhi khandhehi dvīhāyatanehi dvīhi dhātuhi saṃgahītā.

Katīhi asaṃgahītā?

Ekena khandhena dasahāyatanehi paṇṇarasahi dhātūhi asaṃgahītā.

13 Kama-bhavena ye dhammā vippayuttā te dhammā . . . . pe . . . .?

Catuhi khandhehi dvīhāyatanehi pañcahi dhātūhi saṃgahītā.

Katīhi asaṃgahītā?

Ekena khandhena dasahāyatanehi terasahi dhātūhi asaṃgahītā.

14 Rūpa-bhavena ye dhammā — Asañña-bhavena ye dhammā—Eka-vokāra-bhavena ye dhammā—Paridevena ye dhammā vippayuttā te dhammā . . . . pe . . . .?

Catuhi khandhehi dvihāyatanehi aṭṭhahi dhātūhi saṃgahītā.

Katīhī asaṃgahītā?

Ekena khandhena dasahāyatanehi dasahi dhātūhi asaṃgahītā.

15 Arūpa-bhavena ye dhammā — Nevasaññānāsaññā-bhavena ye dhammā—Catu-vokāra-bhavena ye dhammā—Sokena ye dhammā—Dukkhena ye dhammā—Domanassena ye dhammā—Upāyāsena ye dhammā—Satipaṭṭhānena ye dhammā—Sammappadhānena ye dhammā—Iddhipādena ye dhammā—Jhānena ye ḍhammā—Appamaññāya ye dhammā—Pañcahi indriyehi ye dhammā—Pañcahi balehi ye dhammā—Sattahi bojjhaṃgehi ye dhammā—Ariyena aṭṭhaṃgikena maggena ye dhammā vippayuttā te dhammā . . . . pe . . . .?

Asaṃkhataṃ khandhato ṭhapetvā pañcahi khandhehi dvadasahi ayatanehi aṭṭhārasahi dhātūhi saṃgahītā.

Katīhi asaṃgahītā?

Na kehici khandhehi na kehici āyatanehi na kāhici dhātūhi asaṃgahītā.

16 Phassena ye dhammā—Vedanāya ye dhammā—Saññāya ye dhammā—Cetanāya ye dhammā—Cittena ye dhammā—Manasikārena ye dhammā vippayuttā te dhammā . . . . pe . . . .

Asaṃkataṃ khandato ṭhapetvā ekena khandhena ekādasahi āyatanehi ekādasahi dhātūhi saṃgahītā.

Katīhi asaṃgahītā?

Catuhi khandhehi ekenāyatanena sattahi dhātūhi asaṃgahitā.

17 Adhimokkhena ye dhammā vippayuttā te dhammā . . . . pe . . . .?

Asaṃkhataṃ khandhato ṭhapetvā pañcahi khandhehi dvādasahi āyatanehi sattarasahi dhātūhi saṃgahītā.

Katīhi asaṃgahītā?

Na kehici khandhehi na kehici āyatanehi ekāya dhātuyā asaṃgahītā.

18 Kusalehi dhammehi ye dhammā—Akusalehi dhammehi ye dhammā—Sukhāya vedanāya sampayuttehi dhammehi ye dhammā—Dukkhāya vedanāya sampayuttehi dhammehi ye dhammā vippayuttā te dhammā . . . . pe . . . .?

Asaṃkhataṃ khandhato ṭhapetvā pañcahi khandhehi dvādasahi āyatanehi aṭṭhārasahi dhātūhi saṃgahītā.

Katīhi asaṃgahītā?

Na kehici khandhehi na kehici āyatanehi na kāhica dhātūhi asamgahītā.

19 Avyākatehi dhammehi ye dhammā vippayuttā te dhammā . . . . pe . . . .?

Catuhi khandhehi dvīhāyatanehi dvīhi dhātūhi saṃgahītā.

Katīhi asaṃgahītā?

Ekena khāndhena dasahāyatanehi soḷasahi dhātūhi asaṃgahītā.

20 Adukkhamasukhāya vedanāya sampayuttehi dhammehi ye dhammā—Vipākehi dhammehi ye dhammā vippayuttā te dhammā . . . . pe . . . .?

Asaṃkhataṃ khandhato ṭhapetvā pañcahi khandhehi dvādasahi āyatanehi terasahi dhātūhi saṃgahītā.

Katīhi asaṃgahītā?

Na kehici khandhehi na kehici āyatanehi pañcahī dhātūhi asamgahītā.

21 Vipāka-dhamma-dhammehi ye dhammā—Samkiliṭṭha-saṃkilesikehi dhammehi ye dhammā vippayuttā te dhammā . . . . pe . . . .?

Asaṃkhataṃ khandhato ṭhapetvā pañcahi khandhehi dvādasahi āyatanehi aṭṭhārasahi dhātūhi samgahītā.

Katīhi asamgahītā?

Na kehici khandhehi na kehici āyatanehi na kāhici dhātūhi asaṃgahītā.

22 Neva-vipāka-na-vipāka-dhamma-dhammehi ye dhammā—Anupādinnupādaniyehi dhammehī ye dhammā—Anupādinna-anupādāniyehi dhammehi ye dhammā—Asaṃkiliṭṭha-asaṃkilesikehi dhammehi ye dhammā vippayuttā te dhammā . . . . pe . . . . ?

Catuhi khandhehi dvīhāyatanehi aṭṭhahi dhātūhi saṃgahītā.

Katīhi asaṃgahitā?

Ekena khandhena dasahāyatanehi dasahi dhātūhi asaṃgahītā.

23 Upādinnupādaniyehi dhammehi ye dhammā vippayuttā te dhammā . . . . pe . . . . ?

Catuhi khandhehi dvīhāyatanehi dvīhi dhātūhi saṃgahītā.

Katīhi asaṃgahītā?

Ekena khandhena dasahāyatanehi paṇṇarasahi dhātūhi asaṃgahītā.

24 Asaṃkiliṭṭha-saṃkilesikehi dhammehi ye dhammā vippayuttā te dhammā . . . . pe . . . . ?

Catuhi khandhehi dvīhāyatanehi dvīhi dhātūhi saṁgahītā.

Katīhi asaṃgahita?

Ekena khandhena dasahāyatanehi soḷasahi dhātūhi asaṃgahītā.

25 Savitakka-savicārehi dhammehi ye dhammā vippayuttā te dhammā . . . . pe . . . . ?

Asaṃkhataṃ khandhato ṭhapetvā pañcahi khandhehi dvādasahi āyatanehi sattarasahi dhātūhi saṃgahītā.

Katīhi asaṃgahītā?

Na kehici khandhehi na kehici āyatanehi ekāya dhātuyā asaṃgahītā.

26 Avitakkavicāramattehi dhammehi ye dhammā—Pītiahagatehi dhammehi ye dhammā — Sukha-sahagatehi

dhammehi ye dhammā vippayuttā te dhammā . . . . pe . . . .?

Asaṃkhataṃ khandhato ṭhapetvā pañcahi khandhehi dvādasahi āyatanehi aṭṭhārasahi dhātūhi saṃgahītā.

Katīhi asaṃgahītā?

Na kehici khandhehi na kehici āyatanehi na kāhici dhātūhi asaṃgahītā.

27 Avitakkavicārehi dhammehi ye dhammā vippayuttā te dhammā . . . . pe . . . .?

Catuhi khandhehi dvīhāyatanehi tīhi dhatūhi saṃgahītā.

Katīhi asaṃgahītā?

Ekena khandhena dasahāyatanehi paṇṇarasahi dhātūhi asaṃgahītā.

28 Upekhā-sahagatehi dhammehi ye dhammā vippayuttā te dhammā . . . . pe . . . .?

Asaṃkhataṃ khandhato ṭhapetvā pañcahi khandhehi dvādasahi āyatanehi terasahi dhātūhi saṃgahītā.

Katīhi asaṃgahītā?

Na kehici khandhehi na kehici āyatanehi pañcahi dhātūhi asaṃgahītā.

29 Dassanena pahātabbehi dhammehi ye dhammā—Bhāvanāya pahātabbehi dhammehi ye dhammā—Dassanena pahātabba-hetukehi dhammehi ye dhammā—Bhāvanāya pahātabba-hetukehi dhammehi ye dhammā—Ācayagāmihi dhammehi ye dhammā—Apacayagāmihi dhammehi ye dhammā—Sekhehi dhammehi ye dhammā—Asekhehi dhammehi ye dhammā — Mahaggatehi dhammehi ye dhammā vippayuttā te dhammā . . . . pe . . . .?

Asaṃkhataṃ khandhato ṭhapetvā pañcahi khandhehi dvādasahi āyatanehi aṭṭhārasahi dhātūhi saṃgahītā.

Katīhi asaṃgahītā?

Na kehici khandhehi na kehici āyatanehi na kāhici dhātūhi asaṃgahītā.

30 Neva dassanena na[1] bhāvanāya pahātabbehi dhammehi ye dhammā—Neva dassanena na[2] bhavanāya pahā-

[1] Gun. *omits*

[2] Gun. dassanena bhāvanā pah°

tabba-hetukehi dhammehi ye dhammā—Nevā-ācayagāmina-apacayagāmīhi dhammehi ye dhammā—Neva sekhā nāsekhehi dhammehi ye dhammā—Parittehi dhammehi ye dhammā vippayuttā te dhammā . . . . pe . . . . ?

Catuhi khandhehi dvīhāyatanehi dvīhi dhātūhi saṃgahītā.

Katīhi asaṃgahītā?

Ekena khandhena dasahāyatanehi soḷasahi dhātūhi asaṃgahītā.

31 Appamāṇehi dhammehi ye dhammā—Paṇītehi dhammehi ye dhammā vippayuttā te dhammā . . . . pe . . . . ?

Catuhi khandhehi dvīhāyatanehi aṭṭhahi dhātūhi saṃgahīta.

Katīhi asaṃgahītā?

Ekena khandhena dasahāyatanehi dasahi dhātūhi asaṃgahītā.

32 Parittārammaṇehi dhammehi ye dhammā vippayuttā te dhammā . . . . pe . . . . ?

Asaṃkhataṃ khandhato ṭhapetvā pañcahi khandhehi dvādasahi āyatanehi dvādasahi dhātūhi saṃgahītā.

Katīhi asaṃgahītā?

Na kehici khandhehi na kehici āyatanehi chahi dhātūhi asaṃgahītā.

33 Mahaggatārammaṇehi dhammehi ye dhammā—Appamāṇārammaṇehi dhammehi ye dhammā—Hīnehi dhammehi ye dhammā—Micchatta-niyatehi dhammehi ye dhammā—Sammatta-niyatehi dhammehi ye dhammā—Maggārammaṇehi dhammehi ye dhammā — Magga-hetukehi dhammehi ye dhammā—Maggādhipatīhi dhammehi ye dhammā vippayuttā te dhammā . . . . pe . . . . ?

Asaṃkhataṃ khandhato ṭhapetvā pañcahi khandhehi dvādasahi āyatanehi aṭṭhārasahi dhātūhi saṃgahītā.

Katīhi asaṃgahītā?

Na kehici khandhehi na kehici āyatanehi na kāhici dhātūhi asaṃgahītā.

34 Majjhimehi dhammehi ye dhammā—Aniyatehi dhammehi ye dhammā vippayuttā te dhammā . . . . pe . . . . ?

Catuhi khandhehi dvīhāyatanehi dvīhi dhatūhi saṃgahitā

Katīhi asaṃgahītā?

Ekena khandhena dasahāyatanehi soḷasahi dhātūhi asaṃgahītā.

35 Uppannehi dhammehi ye dhammā—Anuppannehi dhammehi ye dhammā—Uppādīhi dhammehi ye dhammā—Atītehi dhammehi ye dhammā—Anāgatehi dhammehi ye dhammā—Paccuppannehi dhammehi ye dhammā—Ajjhattehi dhammehi ye dhammā—Bahiddhā dhammehi ye dhammā—Sanidassana-sappaṭighehi dhammehi ye dhammā—Anidassana-sappaṭighehi dhammehi ye dhammā vippayuttā te dhammā . . . . pe . . . . ?

Catuhi khandhehi dvīhāyatanehi aṭṭhahi dhātūhi saṃgahītā.

Katīhi asaṃgahītā?

Ekena khandhena dasahāyatanehi dasahi dhātūhi asaṃgahītā.

36 Atītārammaṇehi dhammehi ye dhammā—Anāgatārammaṇehi dhammehi ye dhammā—Ajjhattārammaṇehi dhammehi ye dhammā—Bahiddhārammaṇehi dhammehi ye dhammā vippayuttā te dhammā . . . . pe . . . . ?

Asaṃkkataṃ khandhato ṭhapetvā pañcahi khandhehi dvādasahi āyatanehi aṭṭhārasahi dhātūhi saṃgahitā.

Katīhi asaṃgahītā?

Na kehici khandhehi na kehici āyatanehi na kāhici dhātūhi asaṃgahītā.

37 Paccuppannārammaṇehi dhammehi ye dhammā—Ajjattabahiddhārammaṇehi dhammehi ye dhammā vippayuttā te dhammā . . . . pe . . . . ?

Asāṃkhataṃ khandhato ṭhapetvā pañcahi khandhehi dvādasahi āyatanehi dvādasahi dhātūhi saṃgahitā.

Katīhi asaṃgahītā?

Na kehici khandhehi na kehici āyatanehi chahi dhātūhi asaṃgahītā.

38 Hetuhi dhammehi ye dhammā—Sahetukehi dhammehi ye dhammā—Hetu-sampayuttehi dhammehi ye dhammā—Hetu c'eva sahetukehi dhammehi ye dhammā—Sahetukā c'eva na ca hetukehi dhammehi ye dhammā—Hetu c'eva hetu-sampayuttehi dhammehi ye dhammā—Hetu-

sampayuttā c'eva na ca hetuhi dhammehi ye dhammā—Na-hetu-sahetukehi dhammehi ye dhammā vippayutta te dhammā . . . . pe . . . . ?

Asaṃkhataṃ khandhato ṭhapetvā pañcahi khandhehi dvādasahi āyatanehi aṭṭhārasahi dhātūhi saṃgahītā.

Katīhi asaṃgahītā ?

Na kehici khandhehi na kehici āyatanehi na kāhica dhātūhi asaṃgahītā.

39 Ahetukehi dhammehi ye dhammā—Hetuvippayuttehi dhammehi ye dhammā—Nahetuahetukehi dhammehi ye dhammā vippayuttā te dhammā . . . . pe . . . . ?

Catuhi khandhehi dvīhāyatanehi dvīhi dhātuhi saṃgahītā.

Katīhi asaṃgahītā ?

Ekena khandhena dasahāyatanehi soḷasahi dhātūhi asaṃgahītā.

40 Appaccayehi dhammehi ye dhammā—Asaṁkhatehi dhammehi ye dhammā — Sanidassanehi dhammehi ye dhammā—Sappaṭighehi dhammehi ye dhammā—Rūpīhi dhammehi ye dhammā—Lokuttarehi dhammehi ye dhammā vippayuttā te dhammā . . . . pe . . . . ?

Catuhi khandhehi dvīhāyatanehi aṭṭhahi dhātūhi saṃgahītā.

Katīhi asaṃgahītā ?

Ekena khandhena dasahāyatanehi dasahi dhātūhi asaṃgahītā.

41 Lokiyehi dhammehi ye dhammā vippayuttā te dhammā . . . . pe . . . . ?

Catuhi khandhehi dvīhāyatanehi dvīhi dhātūhi saṃgahītā.

Katīhi asaṃgahītā ?

Ekena khandheṅa dasahāyatanehi soḷasahi dhātūhi asaṃgahītā.

42 Āsavehi dhammehi ye dhammā—Āsava-sampayuttehi dhammehi ye dhammā—Āsavā c'eva sāsavehi dhammehi ye dhammā—Āsavā c'eva āsava-sampayuttehi dhammehi ye dhammā — Āsava-sampayuttā c'eva no ca āsavehi dhammehi ye dhammā vippayuttā te dhammā . . . pe . . . . ?

Asaṃkhataṃ khandhato ṭhapetvā pañcahi khandhehi dvādasahi āyatanehi aṭṭhārasahi dhātūhi saṃgahītā?

Katīhi asaṃgahītā?

Na kehici khandhehi na kehici āyatanehi na kāhica dhātūhi asaṃgahītā.

43 Sāsavehi dhammehi ye dhammā—Āsava-sampayuttehi dhammehi ye dhammā—Sāsavā c'eva no ca āsavehi dhammehi ye dhammā—Āsava-vippayutta-sāsavehi dhammehi ye dhammā vippayuttā te dhammā . . . . pe . . . . ?

Catuhi khandhehi dvīhāyatanehi dvīhi dhātūhi saṃgahītā.

Katīhi asaṃgahītā?

Ekena khandhena dasahāyatanehi soḷasahi dhātuhi asaṃgahītā.

44 Anāsavehi dhammehi ye dhammā—Āsava-vippayutta-anāsavehi dhammehi ye dhammā vippayuttā te dhammā . . . . pe . . . . ?

Catuhi khandhehi dvīhāyatanehi aṭṭhārasahi dhātūhi saṃgahītā.

Katīhi asamgahītā?

Ekena khandhena dasahāyatanehi dasahi dhātūhi asamgahītā.

45 Saṃyojanehi dhammehi ye dhammā . . . . pe . . . . Ganthehi dhammehi ye dhammā—Oghehi dhammehi ye dhammā—Yogehi dhammehi ye dhammā—Nīvaraṇehi dhammehi ye dhammā . . . . pe . . . . Parāmāsehi dhammehi ye dhammā—Parāmāsa-sampayuttehi dhammehi ye dhammā—Parāmāsā c'eva parāmaṭṭehi dhammehi ye dhammā vippayuttā te dhammā . . . . pe . . . . ?

Asaṃkhataṃ khandhato ṭhapetvā pañcahi khandhehi dvādasahi āyatanehi aṭṭhārasahi dhātūhi saṃgahītā.

Katīhi asaṃgahītā?

Na kehici khandhehi na kehici āyatanehi na kāhici dhātūhi asaṃgahītā.

46 Parāmaṭṭhehi dhammehi ye dhammā—Parāmāsa-vippayuttehi dhammehi ye dhammā—Parāmaṭṭhā c'eva no ca parāmāsehi dhammehi ye dhammā—Parāmāsa-vippayutta-parāmaṭṭhehi dhammehi ye dhammā vippayuttā te dhammā . . . . pe . . . . ?

Catuhi khandhehi dvihāyatanehi dvihi dhātūhi saṃgahītā.

Katīhi asaṃgahītā ?

Ekena khandhena dasahāyatanehi soḷasahi dhātūhi asaṃgahītā.

47 Aparāmaṭṭhehi dhammehi ye dhammā—Parāmāsavippayutta-aparāmaṭṭehi dhammehi ye dhammā vippayuttā te dhammā . . . . pe . . . . ?

Catuhi khandhehi dvihāyatanehi aṭṭhahi dhātuhi saṃgahītā.

Katīhi asaṃgahītā.

Ekena khandhena dasahāyatanehi dasahi dhātūhi asaṃgahītā.

48 Sārammaṇehi dhammehi ye dhammā—Cittehi dhammehi ye dhammā—Cetasikehi dhammehi ye dhammā—Citta-sampayuttehi dhammehi ye dhammā—Citta-saṃsaṭṭhehi dhammehi ye dhammā—Citta-saṃsaṭṭha-samuṭṭhānehi dhammehi ye dhammā—Citta-saṃsaṭṭha-samuṭṭhāna-sahabhūhi dhammehi ye dhammā—Citta-saṃsaṭṭha-samuṭṭhānānuparivattīhi dhammehi ye dhammā vippayuttā te dhammā . . . . pe . . . . ?

Asaṃkhataṃ khandhato ṭhapetvā ekena khandhena ekādasahi āyatanehi ekādasahi dhātuhi saṃgahītā.

Katīhi asaṃgahītā ?

Catuhi khandhehi ekenāyatanena sattahi dhātūhi asaṃgahītā.

49 Anārammaṇehi dhammehi ye dhammā—Citta-vippayuttehi dhammehi ye dhammā—Citta-saṃsaṭṭhehi dhammehi ye dhammā—Upādā-dhammehi ye dhammā—Anupādinnehi dhammehi ye dhammā vippayutta te dhammā . . . . pe . . . . ?

Catuhi khandhehi dvīhāyatanehi aṭṭhahi dhātūhi saṃgahītā.

Katīhi asaṃgahītā ?

Ekena khandhena dasahāyatanehi paṇṇarasahi dhātūhi asaṃgahītā.

50 Upādinnehi dhammehi ye dhammā vippayuttā te dhammā . . . pe . . . .

Catuhi khandhehi dvīhāyatanehi tīhi dhātūhi saṃgahītā.

Katīhi asaṃgahitā?

Ekena khandhena dasahāyatanehi paṇṇarasahi dhātūhi asaṃgahītā.

51 Upādānehi dhammehi ye dhammā .... pe .... Kilesehi dhammehi ye dhammā—Saṃkiliṭṭhehi dhammehi ye dhammā—Kilesa-sampayuttehi dhammehi ye dhammā —Kilesā c'eva saṃkilesikehi dhammehi ye dhammā—Saṃkiliṭṭhā c'eva no ca kilesehi dhammehi ye dhammā—Kilesā c'eva kilesa-sampayuttehi dhammehi ye dhammā—Kilesa-sampayuttā c'eva no ca kilesehi dhammehi ye dhammā vippayuttā te dhammā .... pe ....?

Asaṃkhataṃ khandhato ṭhapetvā pañcahi khandhehi dvādasahi āyatanehi aṭṭhārasahi dhātūhi saṃgahītā.

Katīhi asaṃgahitā?

Na kehici khandhehi na kehici āyatanehi na kāhici dhātūhi asaṃgahītā.

52 Saṃkilesikehi dhammehi ye dhammā—Asaṃkiliṭṭhehi dhammehi ye dhammā—Kilesa-vippayuttehi dhammehi ye dhammā—Saṃkilesikā c'eva no ca kilesehi dhammehi ye dhammā—Kilesa-vippayutta-asaṃkilesikehi dhammehi ye dhammā vippayuttā te dhammā .... pe ....?

Catuhi khandhehi dvīhāyatanehi dvihi dhātūhi saṃgahītā.

Katīhi asaṃgahītā?

Ekena khandhena dasahāyatanehi soḷasahi dhātūhi asaṃgahītā.

53 Asaṃkilesikehi dhammehi ye dhammā kilesa-vippayutta asaṃkilesikehi dhammehi ye dhammā vippayuttā te dhammā .... pe ....?

Catuhi khandhehi dvīhāyatanehi aṭṭhahi dhātūhi saṃgahītā.

Katihi asaṃgahītā?

Ekena khandhena dasahāyatanehi dasahi dhātūhi asaṃgahītā.

54 Dassanena pahātabbehi dhammehi ye dhammā—Bhāvanāya pahātabbehi dhammehi ye dhammā—Dassanena

pahātabba-hetukehi dhammehi ye dhammā—Bhāvanāya pahātabba-hetukehi dhammehi ye dhammā vippayuttā te dhammā . . . . pe . . . . ?

Asaṃkhataṃ khandhato ṭhapetvā pañcahi khandhehi dvādasahi āyatanehi aṭṭhārasahi dhātūhi saṃgahītā.

Katīhi asaṃgahītā ?

Na kehici khandhehi na kehici āyatanehi na kāhici dhātūhi asaṃgahītā.

55 Na dassanena pahātabbehi dhammehi ye dhammā—Na bhāvanāya pahātabbehi dhammehi ye dhammā—Na dassanena pahātabba-hetukehi dhammehi ye dhammā—Na bhāvanāya pahātabba-hetukehi dhammehi ye dhammā vippayuttā te dhammā . . . . pe . . . . ?

Catuhi khandhehi dvīhāyatanehi dvīhi dhātūhi saṃgahītā.

Katīhi asaṃgahītā ?

Ekena khandhena dasahāyatanehi soḷasahi dhātūhi asaṃgahītā.

56 Savitakkehi dhammehi ye dhammā — Savicārehi dhammehi ye dhammā vippayuttā te dhammā . . . . pe . . . . ?

Asamkhataṃ khandhato ṭhapetvā pañcahi khandhehi dvādasahi āyatanehi sattarasahi dhātūhi saṃgahītā.

Katīhi asaṃgahīta ?

Na kehici khandhehi na kehici āyatanehi ekāya dhātuyā asaṃgahītā.

57 Sappītikehi dhammehi ye dhammā—Pīti-sahagatehi dhammehi ye dhammā—Sukha-sahagatehi dhammehi ye dhammā vippayuttā te dhammā . . . . pe . . . . ?

Asaṃkhataṃ khandhato ṭhapetvā pañcahi khandhehi dvādasahi āyatanehi aṭṭhārasahi dhātūhi saṃgahītā.

Katīhi asaṃgahītā ?

Na kehici khandhehi na kehici āyatanehi na kāhici dhātūhi asaṃgahītā.

58 Upekhā-sahagatehi dhammehi ye dhammā vippayuttā te dhammā . . . . pe . . . . ?

Asaṃkhataṃ khandhato ṭhapetvā pañcahi khandhehi dvādasahi āyatanehi terasahi dhātūhi samgahītā.

Katīhi asaṃgahītā?

Na kehici khandhehi na kehici āyatanehi pañcahi dhātūhi asaṃgahītā.

59 Kāmāvacarehi dhammehi ye dhammā—Pariyāpannehi dhammehi ye dhammā—Sauttarehi dhammehi ye dhammā vippayutta te dhammā . . . . pe . . . . ?

Catuhi khandhehi dvīhāyatanehi dvīhi dhātūhi asaṃgahītā.[1]

Katīhi asaṃgahīta?

Ekena khandhena dasahāyatanehi soḷasahi dhātūhi asaṃgahītā.

60 Na kamavacarehi dhammehi ye dhammā—Apariyāpannehi dhammehi ye dhammā—Anuttarehi dhammehi ye dhammā vippayuttā te dhammā . . . . pe . . . . ?

Catuhi khandhehi dvīhāyatanehi aṭṭhahi dhātūhi saṃgahītā.

Katīhi asaṃgahītā?

Ekena khandena dasahāyatanehi dasahi dhātūhi asaṃgahītā.

61 Rupāvacarehi dhammehi ye dhammā—Arupāvacarehi dhammehi ye dhammā—Niyyānikehi dhammehi ye dhammā—Niyatehi dhammehi ye dhammā—Saraṇehi dhammehi ye dhammā vippayuttā te dhammā . . . . pe . . . . ?

Asaṃkhataṃ khandhato ṭhapetvā pañcahi khandhehi dvādasahi ayātanehi aṭṭhārasahi dhātūhi saṃgahītā.

Katīhi asaṃgahītā?

Na kehici khandhehi na kehici āyatanehi na kāhica dhātūhi asaṃgahītā.

62 Na rūpāvacarehi dhammehi ye dhammā—Na arūpāvacarehi dhammehi ye dhammā—Aniyyānikehi dhammehi ye dhammā—Aniyatehi dhammehi ye dhammā—Araṇehi dhammehi ye dhammā vippayuttā te dhammā katīhi khandhehi katīhi āyatanehi katīhi dhātūhi saṃgahītā?

Te dhammā catuhi khandhehi dvihāyatanehi dvīhi dhātūhi saṃgahītā.

---

[1] Sb Sd Gun. asaṃgahītā

Katīhi asaṃgahītā?

Ekena khandhena dasahāyatanehi soḷasahi dhātūhi asaṃgahītā.

Dhammāyatanaṁ[1] dhammadhātu[2] jīvitannāma[3] chalābhi
Jātiyo jarā maranaṃ dve jātike na labbhare
Paṭhamantare satta gocchake dasa aparanena cuddasa
Cha paṭhamake icc ete satta cattārīsā dhammā
Samucchedenupalabbhati mogha-pucchakena vā ti.[4]

Vippayuttena saṃgahita-asaṃgahīta-pada-nideso.

Dhātukathāppakaranaṃ samattaṃ Mahāvihāra-vasinaṃ **vācanā-maggena.**

Saṁgahamasaṃgahaṃ[5] sampayoga-vippayogaṃ paramhi ca
Gambhīraṃ nipunaṃ ṭhānaṃ tam pi Buddhena desitaṃ.
Saṃgahītena asaṃgahītaṃ asaṃgahītena ca saṃgahītaṃ
Saṃgahītena saṃgahītam asaṃgahītena c'asaṃgahītaṃ
Gambhīra-dhammaṃ catusaccagocaram
Catuppakāraṃ vibhajī Tathāgato.
Sampayuttena ca vippayuttaṃ vippayuttena sampayuttaṃ
Sampayuttena ca sampayuttaṃ vippayuttena ca vippayuttam
Rūpī arūpī bahu-dhamma-[6] saṃkulaṃ
Vibhajji dhammaṃ catudhā Tathāgato.

Siddhir astu.

---

[1] Sd °āyatana [2] Sb dhātuhi [3] Sd Gun. jīvita
[4] Sd Gun. cāti [5] Gun. Saṃgāhasaṃgahaṃ
[6] Sb Sd *omit* dhamma

Dhātu Kathā Pakaraṇa Aṭṭhakathā.

NAMO TASSA BHAGAVATO ARAHATO SAMMASĀMBUDDHASSA.

Aṭṭhārasahi bhedehi Vibhaṅgaṃ[1] mārabhañjano
Desayitvā Mahāvīro yan tasseva anantaraṃ
Adesayi Dhātukathaṃ dhātubhedappakāsano[2]
Tassatthaṃ dīpayissāmi taṃ suṇātha samāhitā.[3]

Saṃgaho asaṃgaho ti ādīnaṃ hi vasena idaṃ pakaranaṃ cuddasavidhena vibhattan ti vuttaṃ, taṃ sabbam pi uddesato niddesato dvidhā ṭhitaṃ. Tassa mātikā uddeso, sā pañcadhā ṭhitā[4]—Naya-mātikā abbhantara-mātikā nayamukha-mātikā lakkhaṇa-mātikā bāhira-mātikā ti. Tattha saṃgaho asaṃgaho . . . . pe . . . . vippayuttena samgahītaṃ asaṃgahītaṃ ti ayaṃ cuddasahi padehi nikkhittā nayamātikā nāma. Ayaṃ hi iminā saṃgahādikena nayena dhātukathāya dhammā vibhattā ti dassetuṃ ṭhapitattā nayamātikā ti vuccati. Ete sampadānaṃ mūlabhūtattā mūlamātikā ti pi vattuṃ vaṭṭati.

Pañcakkhandhā . . . pe . . . manasikāro ti ayaṃ pañcavīsādhikena padasatena nikkhittā abbhantaramātikā nāma. Ayaṃ hi sabbā pi dhammasaṃgaṇidhātukathāya mātikā ti evaṃ avatvā saṃgahādinā nayena vibhajitabbe khandhādidhamme sarūpato dassetva Dhātukathāya abbhantare yeva ṭhapitattā abbhantaramātikā ti vuccati. Khandādi-pādanaṃ Dhammasaṃ-

---

[1] Sd Vibhaṅga ; Gun. Vibhaṇgām
[2] Sd -ppakāsato [3] Sd *adds* ti [4] Sd sā pañcavidhā

gaṇimātikāya asaṃgahitattā pakiṇṇakamātikā ti pi vattuṃ vaṭṭati.

Tīhi saṃgaho tīhi asaṃgaho catuhi sampayogo catuhi vippayogo ti ayaṃ catuhi padehi nikkhittā nayamukhamatikā nāma. Ayaṃ hi sabbesu pi pañcakkhandhādisu c'eva kusalatthikādisu ca mātikā dhammesu tihi khandhāyatana-dhātupadeheva saṃgaho ca asaṃgaho ca yojetabbo. Tathā catuhi arūpakkhandhehi saṃpayogo ca vippayogo ca. Etam imesaṃ saṃgahāsaṃgahādinaṃ nayānaṃ mukhānīti dassetum ṭhapitattā nayamukhamātikā ti vuccati.

Sabhāgo visabhāgoti ayaṃ dvīhi padehi nikkhittā lakkhaṇamātikā nama. Ayaṃ hi sabhāgalakkhaṇehi dhammehi saṃgahanayo visabhāgalakkhaṇehi dhammehi asaṃgahanayo. Tathā sampayogavippayoganayo yojetabbo ti sabhāgavisabhāgalakkhaṇavasena saṃgahādilakkhanaṃ dassetuṃ ṭhapitattā lakkhaṇamātikā ti vuccati.

Sabbāpi Dhammasaṃgaṇi-Dhātukathāya mātikā ti ayañ chasaṭṭhi [1] tikapadāni dve ca dukapadasatani [2] saṃkhipitvā nikhittā bāhiramātikā nāma. Ayaṃ hi pañcakkhandhā ....pe.... manasikāro ti evaṃ Dhātukathāya abbhantare avatvā sabbā pi Dhammasaṃganīni, evaṃ Dhatukathāya mātikato bahi ṭhapitattā bāhiramātikā ti vuccati. Evam Mātikāya pañcadhā ṭhitabhāvaṃ[3] viditvā idāni saṃgaho asamgaho ti ādisu Saṃgaho tāva jāti-sañjāti-kiriyā-gaṇana-vasena catubbidho. Tattha 'sabbe Khattiyā āgacchantu sabbe Brāhmanā sabbe Vessā sabbe Suddā āgacchantu yā c'āvuso Visākha sammā-vācā yo ca sammā-kammanto yo ca sammā-ājīvo ime dhammā sīlakkhandhe saṃgahītā' ti ayaṃ jāti-saṃgaho nāma. Ekajātikā āgacchantūti vuttaṭṭhāne viya hi idha sabbe pi jātiyā eka-saṃgahaṃ gatā.

'Sabbe Kosalakā āgacchantu sabbe Māgadhakā sabbe Bhārukacchakā āgacchantu yo c'āvuso Visākha sammā vāyāmo yā ca sammā-sati yo ca sammā-samādhi ime

---

[1] Sd sasaṭṭhi [2] Sd dve catuka°
[3] Sd mātikāya paṇha-thāpita-bhāvaṃ

dhammā samādhikkhandhe saṃgahītā' ti ayaṃ sañjātisaṃgaho nāma. Ekaṭṭhāne jātā saṃvaddhā āgacchantūti vutthaṭṭhāne viya hi idha sabbe saṃjātaṭṭhānena sannivutthokāsena eka-saṃgahaṃ gatā.

'Sabbe hatthārohā āgacchantu sabbe assārohā sabbe rathikā āgacchantu yā c'āvuso Visākha sammā-diṭṭhi yo ca sammā-saṃkappo ime dhammā paññākkhandhe saṃgahitā' ti ayam kiriyā-saṃgaho nāma. Sabbe ca hi attano [1] kiriyā-karaṇena eka-saṃgahaṃ gatā.

'Cakkhāyātanaṃ kataman khandha-gaṇanaṃ gacchati? Cakkhāyatanaṃ rūpakkhandha-gaṇanaṃ gacchati. Hañci [2] chakkhāyatanaṃ rūpakkhandha-gaṇanam gacchati tena vata re vattabbe cakkāyatanaṃ rūpakkhandhena saṃgahītan ti ayaṃ gaṇana-saṃgaho nāma. Ayam idha adhippeto. Tappaṭipakkhena asaṃgaho veditabbo. Tesaṃ vikappanato [3] saṃgahītena asaṃgahīta-padādīni. Ekuppāda-ekanirodha-ekavattuka-ekarammaṇatā-vasena sampayogo, tappaṭipakkato vippayogo. Tesam vikappanato sampayuttena vippayuttādīni, tadubhaya-saṃsagga-vikappato [4] saṃgahītena sampayuttam vippayuttan ti ādini. P a ñ c a k k h a n d ā ti ādīni pana [5] Khandha-vibhangādisu [6] vuttanayeneva veditabbāni.

P h a s s ā d a y o panettha sanniṭṭhāna-vasena vutta [7]-sabba-cittuppāda-sādhāraṇato vuttāni.

Mātikā-vaṇṇanā niṭṭhitā.

I.

I. 1. Idāni pañcakkhandhādivasena nikkhittaṃ mātikaṃ saṃgaho asaṃgaho ti ādīhi naya-mātikā-padehi saddhiṃ yojetvā dassetuṃ r ū p a k k h a n d h o k a t ī h i k h a n d-

---

[1] Gun. sabbeheva te atthato

[2] Sd haṇhi (*but see* K.V.A. p. 9)

[3] Sd *thrice* vikappato [4] Sd tadupaya- [5] Sd *omits*

[6] Gun. vibhangādhi suwutta [7] Gun. vuttaṃ

h e h i [1] ādinā nayena niddesa-vāro āraddho. Tattha yasmā saṃgaho asaṃgaho ti ādikāya naya-mātikāya, tīhi saṃgaho tīhi asaṃgaho ti nayamukha-mātikā ṭhapitā tasmā rūpakkhandhādīnaṃ saṃgahaṃ dassetuṃ katīhi khandhehi katīhāyatanehi katīhi dhātūhīti tīni khandhāyatanadhātu-padān' eva uddhaṭāni cattāri saccānīti ādisu ekam pi [2] na parāmaṭṭhaṃ.

Yasmā ca sabhāgo visabhāgo ti evam lakhana-mātikā ṭhapitā tasmā imassa pañhassa vissajjanena v ū p a k k h a n d h o e k e n a k h a n d h e n ā t i-ādi vuttam, sabhāgā hi [3] tassa ete khandhādayo ti.

Tattha e k e n a k h a n d h e n ā t i rūpakkhandheneva. Yaṃ hi kiñci rūpaṃ rūpakkhandha-sabhāgattā rūpakkhandheneva saṃgahaṃ gacchati rūpakkhandheneva gaṇitaṃ [4] rūpakkhandheneva paricchinnaṃ.

E k ā d a s a h i ā y a t a n e h ī t i manāyatana - vajjehi. Sabbo [5] pi rūpakkhandho dasāyatanāni dhammāyatanena ekādaso va hoti,[6] tasmā ekādasāyatanehi gaṇito paricchinno.

E k ā d a s a h i d h ā t ū h ī t i [7] satta-viññāna-dhātu-vajjāhi ekādasahi, etāsu hi apariyāpannaṃ rupaṃ nāma natthi.

Asaṃgaha-naya-niddese k ā t i h i a s a ṃ g a h ī t o ti saṃkhepeneva pucchā katā. Vissajjane panassā yasmā rūpakkhandhassa visabhāgā cattāro arūpakkhandhā ekaṃ manāyatanam satta viññāṇa-dhātuyo tasmā c a t u h i k h a n d h e h ī t i-ādi vuttaṃ. Iminā nayena sabba-padesu saṃgahasaṃgaho veditabbo.

Imasmin pana khandha-niddese rūpakkhandho katīhi khandhehīti ādimhi tāva ekamūlake saṃgahanaye sarūpeneva dassitā pañca pucchā pañca vissajjanāni, asaṃgahanaye saṃkhepeneva dassitā pañca pucchā pañca vissajjanāni. Iminā upāyena dukamūlakādisu pi pucchā

---

[1] Gun. Rupakkhandho ekena khandhenāti
[2] Gun. ekasmi
[3] Sd sabhāgāhīti
[4] Gun. ganitaṃ ; Sd gahitaṃ
[5] Gun. sabbehipi
[6] Gun. ekadasevahonti
[7] Gun. dhātūhi

vissajjanāni veditabbāni. Rūpakkhandha-mūlakā yeva c'ettha duka-tika-catukkā dassitā, pañcake pana r ū p a k k h a n d o c a . . . . pe . . . . v i ñ ñ ā ṇ a k k h a n d h o c ā t ī evaṃ bhedato ca pañcakkhandhā katīhi khandhehīti evaṃ abhedato cāti dvidhā pucchā vissajjanāni katāni.

Evaṃ pāḷi-nayo veditabbo ti abbhantaramātikāya.

Khandha-pada-niddeso niṭṭhito.

I. 17. Āyatana-pada-niddesādisu āyatana-pada-niddese tāva c a k k h ā y a t a n a ṃ e k e n a k h a n d h e n ā t i ekena rūpakkhandhena ekena cakkhāyatanena ca ekāya cakkhu-dhātuyā ca saṃgahītan ti veditabbaṃ.

I. 18. Sotāyatanādisu pi iminā vā nayena saṃgaho asaṃgaho veditabbo.

I. 28. Asaṃkhataṃ khandhato ṭhapetvā ti. Ettha pana yasmā asaṃkhataṃ dhammāyatanaṃ nāma nibbānaṃ, tañ ca[1] khandha-saṃgahaṃ[2] na gacchati, tasmā khandhato thapetvā ti vuttaṃ. C ā t u h i k h a n d h e h ī t i rūpa-vedanā - saññā - saṃkhārakkhandhehi, nibbāna - vajjaṃ hi dhammāyatanaṃ etehi saṃgahītaṃ.

Viññāṇakkandhena ca ṭhapetvā dhammāyatana-dhamma-dhātuyo sesāyatana-dhātūhi ca taṃ na saṃgayhati. Tena vuttaṃ e k e n a k h a n d h e n a e k ā d a s a h i ā y a t a n e h i s a t t a r a s a hi d h ā t ū h i a s a ṃ g a h ī t a n ti. Yathā ca heṭṭhā rūpakkhandha-mūlakā evam idhāpi veditabbā cakkhāyātana-mulakā va nayā.

I. 40. Dukamattam eva[3] pana Pāḷiyaṃ dassetvā d v ā d a s ā y a t a n ā n ī t i abhedato ca pucchā - vissajjanaṃ katam.

I. 41. Dhātu-niddese pi eseva nayo.

I. 77. Sacca-niddese sabbe pi duka-tika-catukkā pāḷiyaṃ dassitā. Yasmā ca duka-tikesu samudaya-sacca-sadisam eva magga-sacce pi vissajjanaṃ tasmā taṃ samudayānantaraṃ vuttaṃ.

I. 90. Indriya-niddese jīvitindriyaṃ d v ī h i k h a n d h e h ī t i rūpajīvitindriyaṃ rupakkhandhena arūpajīvitin-

[1] Gun. napamcak *for* tañ ca [2] Sd saṃkhataṃ

[3] Gun. Mukhamattam

driyaṃ saṃkhārakkhandhena saṃgahītam. Sesaṃ vuttanayānusāreneva veditabbam. Pāli-vavatthānaṃ panettha āyatana-dhātu-niddesa sadisam eva.

I. 134. Paṭicca-samuppāda-niddese avijjā katīhi khandhehīti pucchaṃ anārabhitvā avijjā-paccayā saṃkhārā ekena khandhenāti evaṃ vissajjanam eva dassitaṃ. Tattha saṃkhāra-paccayā viññāṇaṇ ti paṭisandhiyaṃ pavatti ca sabbam pi vipāka viññāṇaṃ, tenevāha sāttahi dhātūhi saṃgahītan ti.

I. 137. Nāma-rūpam pi paṭisandhi-pavatti-vaseneva veditabbaṃ, tenevettha saddāyatanam pi saṃgahetvā ekādasāyātanehi saṃgaho dassito.

I. 139. Phassādisu khandha-bhedo veditabbo. Aññen' eva hi ekena khandhena phasso samgahīto aññena vedanā, taṇhūpādāna-kammabhavā pana saṃkhārakkhandheneva saṃgahitā. Bhava-padam c'ettha kamma-bhavādīnaṃ vasena ekādasadhā vibhattaṃ.

I. 143. Tattha kamma-bhavo phassādīhi sadisa-vissajjanattā tehi saddhiṃ ekato dassito. Uppattibhava-kāmabhava-saññābhava-pañcavokārabhavā aññamaññaṃ sadisavissajjanattā ekato dassitā. Yasmā c'ete upādiṇṇakadhammā va tasmā ekādasahi āyatanehi sattarasahi dhātūhīti vuttaṃ [I. 147] saddāyatanaṃ hi anupādinnaṃ, taṃ ettha na gahitaṃ.

I. 148. Rūpa-bhava-niddese pañcahi āyatanehīti cakkhu-sota-mano-rūpa-dhammāyatanehi, aṭṭhahi dhātūhīti cakkhu-sota-cakkhuviññāṇa-sotaviññāṇarūpa-dhamma-manodhātumanoviññāṇadhātūhi.

I. 149. Arūpabhavādayo pi tayo sadisa-vissajjanattā va ekato dassitā.

I. 152, 3. Tathā asaññabhava-ekavokārabhavā. Tattha dvīhi āyatanehīti rūpāyatana dhammāyatanehi, dhātusupi eseva nayo. Ekatalavāsikānaṃ hi sesa-brahmānaṃ cakkhu-sabhāvato tassārammaṇattā tattha rūpāyatanaṃ uddhaṭaṃ.

I. 154. Jāti dvīhi khandhehīti rūpa-jātirūpakkhandhena arūpa-jāti-saṃkhārakkhandhena. Jarāmaraṇesu pi eseva nayo.

I. 157. Sokādisu pi ekena khandhenāti soka-dukkha-domanassāni vedanākkhandhena, paridevo [1] rūpakkhandhena, upāyāsādayo saṃkhārakkhandhenāti evaṃ khandha-vīseso veditabbo.

I. 164. Iddhipādo dvīhīti saṃkhāra-viññāṇakkhandhehi, manāyatana-dhammāyatanehi, dhamma-dhātu mano-viññāṇadhātūhi ca.

I. 165. Jhānaṃ dvīhīti vedanākkhandha-saṃkhārakkhandhehi.

I. 166. Appamaññādayo sadisa-vissajjanattā ekato niddiṭṭhā.

I. 177. Cittam pana cetanānantaraṃ nikkhittam pi, asadisa-vissajjanattā pacchā gahitam. Tattha appamaññādīsu ekena khandhenāti vedanākkhandhena saññā [2] saññākkhandhena cittam viññāṇakkhandhena sesā saṃkhārakkhandhena saṃgahitāti evaṃ khandha-visese veditabbo.

I. 178. Evaṃ abbhantara-mātikāya saṃgahaṃ dassetvā idāni bāhira-mātikāya saṃgaham dassetuṃ kusalā dhammāti-ādi āraddhaṃ. Tattha vedanattike tīhi dhātūhīti [I. 181] kāyaviññāṇa-manoviññāṇa-dhamma-dhātūhi, sattahīti [I. 182] cakkhu-sota-ghāṇa-jivhā-viññāṇadhātūhi c'eva manodhātu-dhammadhātu-manoviññāṇadhātūhi ca. [I. 183] Vipākattike aṭṭhahi dhātūhīti kayaviññāṇa-dhātuyā saddhiṃ tāhi yeva.

I. 184. Vipākadhamma-dhammā pana saṃkiliṭṭha-saṃkilesikehi saddhim sadisa-vissajjanattā ekato gahitā. Yathā c'ete evaṃ sabba-dukā-tika-padesu yaṃ yaṃ padaṃ yena yena padena saddhiṃ sadisa-vissajjanaṃ hoti taṃ taṃ uppaṭipāṭiyā pi tena tena saddhiṃ gahetvā vissajjanaṃ. Tattha vuttānusāreneva saṃgahāsaṃgaha [3]-nayo veditabbo ti.

Sangahāsamgaha [4]-padaṃ niṭṭhitaṃ.

---

[1] Gun. paridevā [2] Gun. *omits*
[3] Sd saṃgahasaṃgaha ; Gun. saṃgahā saṃgahā
[4] Sd *as last* ; Gun. saṃgaha saṃgahā

II.

II. 1. Idāni saṃgahītena asaṃgahīta-padaṃ bhājetuṃ c a k k h ā y a t a ṇ e n ā t i-adi āraddhaṃ. Tatridaṃ lakkhaṇaṃ. Imasmiṃ hi [1] vāre yaṃ khandha-padena saṃgahītaṃ hutvā āyatana-dhātu-padehi asaṃgahītaṃ, khandhāyatana padehi vā saṃgahītaṃ hutvā dhātu-padena asaṃgahītaṃ, tassa khandhādīhi asaṃgahaṃ pucchitvā vissajanaṃ kataṃ. Tam [2] pana rūpakkhandhādisu na yujjati, rūpakkhandhena hi rūpakkhandho va saṃgahīto, so ca aḍḍhe ekādasahi āyatana-dhātūhi asaṃgahīto nama natthi.

Vedanākkhandhena ca vedanakkhandho va saṃgahīto, so pi dhammāyatana-dhammadhātūhi [3] asaṃgahīto nāma natthi. Evaṃ asaṃgahītatāya abhāvato etāni aññāni ca evarūpāni manāyatana-dhammāyatanādīni padāni imasmiṇ vāre na gahitāni. Yāni pana padāni rūpekadesaṃ [4] arūpena asammissaṃ viññaṇekadesañ ca aññena asammissaṃ dīpenti tāni idha gahitāni. Pariyosāne ca

Dasāyatanā sattarasa dhātuyo
Sattindriyā asañña-bhavo ekavokāra-bhavo,
Paridevo sanidassana-sappaṭighaṃ
Anidassanaṃ punar [5] eva sappaṭighaṃ upādā

ti evaṃ uddāna-gāthāya dassitā, neva tasmā tesaṃ vasena sasaṃgahā saṃgaho [6] veditabbo.

Pañhā-vasena hi imasmiṇ vāre āyatana-dhātu-vaseneva sadisa-vissajjane [7] vīsati dhamme samodhānetvā eko va pañho kato, satta viññāṇa-dhātuyo samodhānetvā eko, sattindriyāni samodhānetvā eko, dve bhave samodhānetvā eko, paridevena ca sanidassana-sappaṭighehi ca eko, anidassana-sappaṭighehi ca eko, sanidassanehi eko, sappaṭighehi ca upādā-dhammehi ca eko ti aṭṭha pañhā katā.[8] Tesu

---

[1] Gun. *omits* hi (but has it at III. 1) [2] Sd *omits*
[3] Sd dhammāyatana-dhātuhi [4] Sd° ekadesa
[5] Sd punad [6] Sd vasen' eva saṃgahasaṃgaho
[7] Gun. visajjano
[8] Gun. kathā ; Sd aṭṭhakathā-pañhākathāsu khandh°

khandhādi-vibhāgo evam veditabbo, seyyathīdam paṭhama-pañhe tāva catuhi khandhehīti arūpakkhandhehi, dvihāyatanehīti cakkhāyatanādisu ekekena[1] saddhiṃ manāyatanena, aṭṭhahi dhātūhīti cakkhudhātu-ādisu ekekāya saddhiṃ sattahi viññāṇa-dhātūhi. Tatrāyaṃ nayo. Cakkhāyatanena hi khandha-saṃgahena rūpakkhandho saṃgahīto ti.

Tasmiṇ saṃgahīte rūpakkhande āyatana-saṃgahena cakkhāyatanam evekaṃ saṃgahītāṃ sesāni dasa asaṃgahitāni, dhātu-saṃgahena pi[2] cakkhu-dhātu yevekā saṃgahītā sesā dasa asaṃgahitā. Iti yāni tena asaṃgahītāni dasāyatanāni tāni cakkhāyatana-manāyatanehi dvīhi asaṃgahitāni, yā pi tena asaṃgahitā dasa dhātuyo tā va[3] cakkhu-dhātuyā c'eva sattahi ca viññāṇa-dhātūhi asaṃgahītāni.[4] Rūpāyatanādisu pi eseva nayo.

II. 2. Dutiya-pañhe yasmā yāya kāyaci viññāṇa-dhātuyā saṃgahīto viññāṇakkhandho manāyatanena asaṃgahito nāma natthi tasmā āyatana-saṃgahena saṃgahītā ti vuttaṃ.

Ettha pana catuhi khandhehīti rūpādi-catuhi, ekādasahi āyatanehīti manāyatana-vajjehi dvādasahi dhātuhīti yathānurūpā cha viññāṇa-dhātuyā apanetvā sesāhi dvādasahi cakkhu-viññāṇa-dhātūhi.[5] Cakkhu-viññāṇa-dhātu yeva saṃgahitā tena itarā asaṃgahita. Sota-viññāṇa dhātu-ādisu pi eseva nayo.

II. 3. Tatiya-pañhe[6] cakkhundriyādinaṃ vissajjanaṃ cakkhāyatanādi-sadisam eva. Itthindriya - purisindriyesu pana dhammāyatanena saddhiṃ dve āyatanāni, dhamma-dhātuyā ca saddhiṃ aṭṭha dhātuyo veditabbā.

II. 4. Catuttha-pañhe tīhāyatanehīti[7] rūpāyatana-dhammāyatana-manāyatanehi. Tesu hi[8] bhavesu rūpāyataṇa-dhammāyatana-vasena dve eva āyatanāni tehi

---

[1] Gun. ekena [2] Sd *adds* tena

[3] Gun. tāva ; Sd tā [4] Sd asaṃgahitānīti

[5] Gun. sesā dvādasa cakkhu-viññāṇa-dhātuyā ti

[6] Gun. Tatiye [7] Gun. *omits* ti [8] Gun. *omits*

asaṃgahitāni sesāni nava rūpāyatanāni teheva ca dvīhi manāyatanena tena cāti dvīhi [1] asaṃgahitā nāma honti.

Navahi dhātuhīti rūpadhātu - dhāmmadhātuhi saddhiṃ sattahi viññāṇadhātūhi.

II. 5. Pañcama-pañhe dvīhāyatanehīti paṭhamapadaṃ sandhāya saddāyatana dhammāyatana manāyatanehi dutiya - padaṃ sandhāya rūpāyatana - manāyatanehi. Dhātuyo pi tesam yeva ekekena saddhiṃ viññāṇadhātuyo veditabbā.

II. 6. Chaṭṭha-pañhe [2] dasāyatanehīti rūpāyatanadhammāyatana-vajjehi.

Soḷasahi dhātūhīti rūpadhātu-dhammadhātuvajjeheva. Kathaṃ? Anidassana-sappaṭighā hi dhammā nāma nava olārikāyatanāni. Tehi khandha-saṃgahena [3] saṃgahīto rūpakkhandho, [4] āyatana-saṃgahena tāñeva navāyatanāni saṃgahītāni, rūpāyatana-dhammāyatanāni asaṃgahītāni, dhātu-saṃgahena pi tā c'eva [5] nava dhātuyo saṃgahītā, rūpadhātu - dhammadhātuyo asaṃgahītā. Iti yāni tehi asaṃgahītāni dve āyatanāni rūpāyatana-vajjehi navahi olārikāyatanehi manāyatanena cāti dasahi asaṃgahitāni, yā pi tehi asaṃgahitā dve dhātuyo tā rūpa-dhātuvajjāhi navahi olārika-dhātuhi sattahi ca [6] viññāṇa-dhātūhīti soḷasahi asaṃgahitā ti veditabbā.

II. 7. Sattama-pañhe dvīhāyatanehīti rūpāyatanamanāyatanehi, aṭṭhahi dhātuhīti rūpadhātuyā saddhiṃ sattahi viññāṇadhātūhi.

II. 8. Aṭṭhama-pañhe ekādasahi āyatanehīti sappaṭigha-dhamme sandhāya dhammāyatana-vajjehi upādā-dhamme sandhāya phoṭṭhabbāyatana-vajjehi. Dhātusu pi eseva nayo. Attha-yojanā panettha heṭṭhā vuttanayeneva veditabbā ti. [7]

Sangahītena asaṃgahīta-padaṃ niṭṭhitaṃ.

---

[1] Sd tīhi [2] Gun. Chatthama [3] Sd *omits* saṃgahena
[4] Gun. saṃgahite rūpakkhandhe [5] Sd tā eva
[6] Gun. *omits* [7] Sd *omits* ti

III.

III. 1. Idāni asaṃgahītena saṃgahīta-padaṃ bhājetuṃ vedanākkhandhenāti-ādi āraddhaṃ. Tatridaṃ lakkhaṇaṁ. Imasmiṃ hi vāre yaṃ khandha-padena asaṃgahītaṃ hutvā āyatana-dhātu-padehi saṃgahītaṃ tassa khandhādīhi saṃgahaṃ pucchitvā vissajjanaṃ kataṃ. Taṃ pana rūpakkhandha-viññāṇakkhandha-cakkhāyatanādisu na yujjati, rūpakkhandhena hi cattāro khandhā khandha-saṃgahena asaṃgahitā. Tesu tena[1] eka dhammo pi āyatana-dhātu-saṃgahena saṃgahīto nāma natthi. Nanu ca vedanādayo dhammāyatanena saṃgahītā ti? Samgahitā, na pana rūpakkhandho va[2] dhammāyataṇaṃ, rūpakkhandhato hi sukhuma-rūpa-mattaṃ dhammāyatanaṃ bhajati. Tasmā ye dhammāyatanena saṃgahītā na te rūpakkhandhena saṃgahītā nāma. Viññāṇakkhandhena pi itare cattāro khandhā asaṃgahītā. Tesu tena eko pi āyatana-dhātu-saṃgahena saṃgahīto nāma natthi. Evam saṃgahītatāya abhāvato etāni aññāni ca evarupāni cakkhāyatanādīni padāni imasmiṇ vārena gahitāni. Yāni pana padāni viññāṇenā vā oḷārika-rūpena vā asammissaṃ dhammāyatanekadesaṃ dīpenti. Tāni idha gahitāni. Tesaṃ idam uddānaṃ.[3]

Tayo khandhā tathā saccā indriyā pana soḷasa
Padāni paccayākāre cuddasūparicuddasa
Sama tiṃsa padā honti gocchakesu dasasvatha[4]
Duve cūlantara-dukā aṭṭha honti mahantarā ti.

Etesu pana padesu sadisa-vissājjanāni padāni ekato katvā sabbe pi dvādasa pañhā vuttā. Tesu evaṃ khandhavibhāgo veditabbo. Āyatana-dhātusa pana bhedo natthi. Paṭhama-pañhe tāva tīhi khandhehīti rūpa-saññāsaṃkharakkhandhehi. Āyatanā-dhātuyo pana dhammāyatana dhamma-dhātu vasena veditabbā. Tatrāyaṃ nayo vedanakkhandhe. Na hi nibbānaṃ ca sukhuma-rūpa-sañ-

[1] Gun. etena [2] Gun. ca [3] Gun. idha muddānaṃ
[4] Gun. dasasswatha; Sd dasasvadha

ña saṃkhārā ca khandha-saṃgahena asaṃgahītā hutvā āyatana-dhātu-saṃgahena saṃgahītā. Tesu nibbānam khandha-saṃgahaṃ na gacchati, sesā rūpa-saññā-samkhārakkhandhehi saṃgahaṃ gacchanti. Āyatana-dhātu-saṃgahaṃ pana nibbānam pi gacchateva. Tena vuttaṃ[1] asaṃkhataṃ khandhato ṭhapetvā tīhi khandhehi ekenāyatanena ekāya dhātuyā saṃgāhītā ti.

Saññākkhandha-pakkhe panettha saññaṃ apanetvā vedanāya saddhiṃ tayo khandhā saṃkhārādisu saṃkhārakkhandaṃ apanetvā rūpavedanāsaññā-vasena tayo khandhā veditabbā. Dutīye catuhi khandhehīti viññāna-vajjehi, tehi nirodhena khandhāsaṃgahena asaṃgahītā hutvā āyataṇa-dhātu saṃgahehi saṃgahītā. Tatiye dvīhīti vedanā-saññā-khandhehi, rūpārūpa-jīvitindriyena hi vedanā-saññā-viññāṇakkhandhā ca khandha-saṃgahena asaṃgahitā. Tesu pana vedanā saññā ca āyatana-dhātu-saṃgahena saṃgahītā. Tena vuttaṃ vedanāsaññākkhandhehīti. Iminā upāyena sabbatthha khandha-bhedo veditabbo. Ito paramhi khandhānaṃ nāma mattam eva vakkhāma.

III. 4. Catutthe tīhi khandhehīti itthindriya-purisindriyesu vedanā-saññā-saṃkhārehi, vedanā-pañcake rūpa-saññā-saṃkhārehi, saddhindriyādīsu phassa-pariyosanesu rūpa-vedanā-saññā-khandhehi. Vedanāya vedanakkhandha-sadiso va, taṇhūpādāna-kammabhavesu saṃkhārakkhandha-sadiso va vinicchayo.

III. 5. Pañcame jāti-jarā-maraṇesu jīvitindriya-sadiso va. Jhānena pana nibbānaṃ sukhuma-rūpam saññā ca khandha-saṃgahena asaṃgahītā hutvā āyatana-dhātu-saṃgahena saṃgahitā. Tasmā taṃ sandhāya rūpakkhandha-saññākkhandhānam vasena dve khandhā veditabbā.

III. 6. Chaṭṭhe sokādittaye vedanāya sadiso, upāyasādīsu saṃkhāra-sadiso, puna vedanāya vedanākkhandha-sadiso, saññāya saññākkhandha-sadiso, cetanādīsu saṃkhārakkha-

---

[1] At III. 4, 5, 6 and 8, 9, 10

ndha-sadiso vinicchayo. Iminā upāyena sattama-pañhādīsu pi saṃgaho veditabbo ti.

Asaṃgahītena saṃgahīta-padam niṭṭhitaṃ.

IV.

IV. 1. Idāni saṃgahītena saṃgahīta-padaṃ bhājetuṃ samudaya-saccenāti-ādi araddham. Tattha yaṃ khandhādīhi saṃgahītena khandhādi-vasena saṃgahītaṃ puna tasseva khandhādīhi saṃgahītaṃ pucchitvā vissajjanaṃ katam.

Khandhāyatana-dhātusu ekaṃ pi sakala-koṭṭhāsaṃ gahetvā ṭhita-padesu na yujjati. Sakalena hi khandhādi-padena aññaṃ khandhādi-padena aññaṃ khandhādi-vasena saṃgahītaṃ nāma natthi. Yam attano saṃgāhakaṃ [1] saṃgaṇhitvā puna teneva saṃgahaṃ gaccheyya. Tasmā tathārūpāni padāni imasmiṇ vāre na gahitāni. Yāni padāni saṃkhārekadesaṃ vā aññena asaṃmissaṃ dīpenti, vedanekadesaṃ vā sukhumarūpaṃ vā saññekadesaṃ vā, tāni idha gahitāni. Tesaṃ idam uddānaṃ :

Dve saccā paṇṇarasindriyāni
Ekādasa paṭicca-samuppādā [2]
Uddhaṃ puna ekādasa
Gocchakapadam ettha tiṃsa-vidhā [3] ti.

Pañhā panettha dve yeva honti.

Tattha yaṃ pucchāya uddhata-padaṃ tad eva yehi dhammehi khandhādi-vasena saṃgahītam te dhamme sāndhāya sabbattha ekena khandhenāti-ādi vuttaṃ. Tatrāyaṃ nayo. Samudaya-saccena hi taṇhā-vajjā, sesā saṃkhārā khandhādi-saṃgahena saṃgahītā. Puna tehi taṇhā va saṃgahītā.[4]

---

[1] Gun. saṃgahākaṃ ; Sd saṃgāhaṇaṃ

[2] Sd paṭicca-padā [3] Sb Sd and Gun. -vidhan

[4] Gun. *omits* puna . . . . saṃgahītā, and reads saṃgītā (*sic*) sā taṇhā puṇa, &c.

Sā taṇhā puna saṃkhāreheva khandhādi-saṃgahena saṃgahitā ti. Eseva nayō sabbattha.

Arūpadhamma-pucchāsu panettha saṃkhārakkhandho vā vedanakkhandho vā eko khandho nāma, rūpadhamma-pucchāsu rūpakkhandho, parideva-pucchāya saddāyatanaṃ ekaṃ āyatanaṃ nāma sadda-dhātu yeva ekā dhātu nāma, sesathānesu dhammāyatana-dhammadhātu-vaseneva attho veditabbo ti.

Saṃgahītena saṃgahīta-padaṃ nitthitaṃ.

V.

V. 1. Idāni asaṃgahītena asaṃgahīta-padaṃ bhājetūṃ rūpakkhandhenāti-ādi araddhaṃ. Tattha yaṃ khandhādīhi asaṃgahītena khandhādi-vasena asaṃgahītaṃ puna tass' eva khandhādīhi asaṃgahaṃ pucchitvā vissajjanaṃ kataṃ.

Pañcakkhandha[1]-gāhakesu dukkha-saccādisu[2] viññāṇena saddhiṃ sukhuma-rūpa-gāhakesu anidassana-sappaṭighādisu[3] ca padesu na yujjati. Tādisena hi padena nibbānaṃ khandha-saṃgaha-mattaṃ na gaccheyya.

Sesā khandhādīhi asaṃgahīta-dhammā nāma natthi. Tasmā tathārūpāṁ padāni imasmiṇ vāre na gahitāni. Yāni pana pañcakkhandhe viññāṇañ ca sukhuma-rupena saddhiṃ ekato na dīpenti tāni idha gahitāni. Tesaṃ idam uddānaṃ:

Sabbe khandhā[4] tathāyatana-dhātuyo saccato tayo
Indriyāni pi saccāni tevisati paṭiccato.
Parato soḷasa padā te-cattālīsa kattike
Gocchake sattati c'eva satta cūlantare padā
Mahantare padā vuttā aṭṭhārasa tato param
Aṭṭhāraseva ñātabbā sesā idha na bhāsitā ti.

Pañhā panettha sadisa-vissajjanānaṃ vasena samodhānetvā[5] katehi saddhiṃ sabbe pi catuttiṃsā honti. Tattha

---

[1] Sd begins taṃ pañca, &c. [2] Sd *omits*
[3] Sd -appaṭighādisu [4] Sd khandhāya
[5] Gun. *add* tehi saddhim

yaṃ pucchāyaṃ uddhaṭam padaṃ tad eva yehi khandhādīhi asaṃgahītaṃ te dhamme sandhāya e k e n a k h a n d h e n ā t i -ādi vuttaṃ. Tatrāyaṃ nayo. Rūpakkhandhena hi cattāro khandhā nibbānañ ca khandha-saṃgahena asaṃgahītā āyatanā, ayatana-dhātu-saṃgahena [1] pana ṭhapetvā viññāṇaṃ avasesā saṃgahitā ti viññānam eva tīhi pi khandha-saṃgahādīhi asaṃgahītaṃ nāma. Puna tena viññāṇena saddhiṃ nibbānena cattāro khandhā khandhādi-saṃgahena asaṃgahītā. Te sabbe pi puṇa viññāṇen' eva [2] khandhādi-saṃgahena asaṃgahitā ti e k e n a k h a n d h e n a e k e n ā y a t a n e n a s a t t a h i d h ā t ū h i a s a ṃ g a h i t ā nāma honti. Athavā yad etaṃ rūpakkhandhena viññāṇam eva tīhi khandhādi-saṃgahehi asaṃgahītaṃ. Tehi pi viññāṇa-dhammehi te rūpa-dhammā tīhi saṃgahehi asaṃgahitā. Puna te rūpa-dhammā viññāṇen'eva tīhi saṃgahehi asaṃgahitā. Viññāṇañ ca khandhato eko viññānakkhandho hoti āyatanato ekaṃ manāyatanaṃ dhātuto satta viññāṇa-dhātuyo. Tasmā e k e n a k h a n d h e n ā t i -ādi vuttaṃ. Iminā upayena sabbattha yaṃ pucchāya uddhaṭaṃ padaṃ tad eva yehi dhammehi khandhādi-vasena asaṃgahītam tesaṃ dhammānaṃ vasena khandhādayo veditabbā.

V. 2. Tattha dutiya-pañhe tāva rūpa-viññāṇaṃ vasena veditabbā. Vedanādayo hi rūpa-viññāṇe heva khandhādisaṃgahena asaṃgahītā, te ca dve khandhā ekādasāyatanām sattarasa dhātuyo honti.

V. 3. Tatiya-pañhe viññāṇaṃ rūpādīhi catuhi asaṃgahītan ti tesaṃ vasena khandhādayo veditabbā.

V. 4. Catuttha-pañhe cakkhāyatanaṃ vedanādīhi catuhīti. Iminā na yena sabbattha khandhādayo veditabbā pariyosāne rūpañ ca dhammāyatanan ti uddāna-gāthāya dassitā dhammā yeva aññenākārena saṃkhitvā dassitā ti.

Asaṃgahītena asaṃgahīta-padaṃ niṭṭhitam.

---

[1] Gun. *omits* ayatana- [2] Gun. viññāne

VI.

VI. 1. Idāni sampayoga-vippayoga-padaṃ bhājetva dassetuṃ rūpakkhandho ti-ādi araddhaṃ. Tattha yaṃ labbhati yañ ca na labbhati taṃ sabbaṃ pucchāya gahītaṃ, vissajjane pana yaṃ na labbhati taṃ natthīti paṭikkhitaṃ. Catuhi sampayogo catuhi vippayogo[1] sabhāgo visabhāgo tīhi vacanato catuhi arūpakkhandhe heva[2] sabhāgānaṃ[3] ekasantānasmin ekakkhane uppannānaṃ arūpakkhandhānaṃ yeva aññamaññaṃ sampayogo labbhati. Rūpa-dhammānaṃ pana rūpena nibbānena vā nibbānassa ca rūpena saddhiṃ sampayogo nāma natthi. Tathā rūpa-nībbānānaṃ arūpakkhandehi, visabhāgā hi te tesaṃ. Yathā ca arūpakkhandhānaṃ rūpa-nibbānehi evaṃ bhinna-santānehi nānākhaṇikehi arūpa-dhammehi pi saddhiṃ natthi yeva, tehi pi tesam santānakhaṇa-visabhāgatāya visabhāgā yeva. Ayaṃ pana visabhāgatā saṃgahaṭṭhena avirujjhanato saṃgaha-naye natthi, gaṇanūpagamattaṃ hi saṃgahaṭṭho. Sampayoga-naye pana atthi ekuppādatādi-lakkhaṇehi sampayogaṭṭho ti evam ettha yassa eka-dhammena pi sampayogalakkhanaṃ na yujjati tassa pucchāya saṃgahaṃ katvā pi natthīti paṭikkhepo kato, yassa vippayoga-lakkhaṇaṃ yujjati tassa vippayogo dassito. Yāni pana padāni sattasu viññaṇa-dhātusu ekāya pi avippayutte rūpena vā nibbānena vā missaka-dhamme dīpenti tāni sabbathā pi idha na yujjantīti na gahitāni. Tesam idam uddānaṃ.[4]

Dhammāyatanaṃ dhamma-dhātu dukkha saccañ ca jīvitaṃ
Saḷāyatanaṃ nāmarūpaṃ cattāro ca mahā-bhavā
Jāti jarā ca maraṇaṃ tikesvekūnavīsati
Gocchakesu ca paññāsa atthacūlantare[5] padā
Mahantare paṇṇarasa aṭṭhārasa tato pare
Tevīsaṃ[6] pada-sataṃ evaṃ[7] sampayogena labbhati.

---

[1] Gun. vippayoga [2] Sd yeva [3] Sd te pi hi
[4] Gun. idha muddhānaṃ [5] Sd cūlantara
[6] Sd tevīsa [7] Gun. etaṃ

Dhammāyatanaṃ hi rūpa-nibbāna-missakattā tasmin apariyāpannena viññāṇena pi na sakkā sampayuttan ti vattuṃ. Yasmā panettha vedanādayo viññāṇena sampayuttā tasmā vippayuttan ti pi na sakkā vattum. Sesesu pi eseva nayo. Evaṃ sabbatthāpi etāni na yujjantīti idha na gahitānī, sesāni khandhādīni yujjantīti tāni gāhetva ekekavasena ca samodhānetva pañha-vissajjanaṃ kataṃ.

VI. 1. Tesu pañhesu paṭhame e k e n ā y a t a n e n ā t i manāyatanena k e h i c ī t i dhammāyatana-dhammadhātu-pariyāpannehi vedanā-saññā-saṃkhārehi.

VI. 2. Dutiye t ī h ī t i[1] pucchitaṃ pucchitaṃ ṭhapetva sesehi k e h i c i s a m p a y u t t o ti vedanākkhandho saññā saṃkhārehi, itare pi attānaṃ ṭhapetvā itarehi kehici vippayutto ti rūpa-nibbānehi. Evaṃ sabbattha rūpassa vippayogo dhammāyatana-dhammadhātusu arūpam arūpassa vippayoge rūpam daṭṭhabbaṃ.[2]

VI. 3. Tatiya-pañhe uttānattho.

VI. 4. Catutthe katīhi khandhehīti-ādi avatvā s a m p a - y u t t a n t i n a t t h i vuttaṃ. Taṃ pana khandhādīnaṃ yeva vasena veditabbaṃ. Parato pi evarūpesu pañhesu esevanayo. Ādi-pañhasmiṃ hi sarūpato dassetvā parato pāḷi saṃkhittā. Iminā nayena sabbattha atthayojanā[3] veditabbā. Yattha pana nātipākatā bhavissati[4] tattha naṃ pākatām katvā va gamissāma.

VI. 7. S o ḷ a s a h i d h ā t ū h ī t i cakkhu-viññāṇa-dhātu tāva attānaṃ ṭhapetvā chahi viññāṇa-dhātūhi dasahi ca rūpa-dhātuhi. Sesāsu pi eseva nayo.

VI. 8. T ī h i k h a n d h e h ī h ī t i saṃkhārakkhandaṃ ṭhapetvā sesehi. E k ā y a[5] d h ā t u y ā t i mano-viññāṇa-dhātuyā.[6] Samudaya-maggānaṃ hi aññāya dhātuyā sampayogo natthi. E k e n a k h a n d h ē n ā t i saṃkhārakkhandhena, e k e n ā y a t a n e n ā t i dhammāyatanena.

---

[1] Sd tehīti; Gun. tihiti [2] Gun. daṭṭhabbā
[3] Sd sabbatthayojanā; Gun. -yojana
[4] Gun. bhavissanti [5] Sd ekāyatana-
[6] Gun. *adds* ca

E k ā y a d h ā t u y ā ti dhamma-dhātuyā. Etesu hi taṃ saccadvayaṃ kehici sampayuttam.

VI. 11. Sukhindriyādi pañhe t ī h i t i[1] saññā-saṃkhāra-viññāṇehi. E k ā y a d h ā t u y ā ti kāya-viññāṇa-dhātuyā mano-viññāṇa-dhātuyā ca. C h a h i d h ā t ū h ī t i kāya-viññāṇa-dhātu-vajjāhi.

VI. 18. Rūpabhava-pañhe sabbesam pi arūpakkhāndhā-naṃ arūpāyatanānañ ca atthi, tāya n a k e h i c ī t i vuttaṃ. Ghāna-jivhā-kāya-viññāṇadhātuṇaṃ pana natthi, tāya t ī h i d h ā t ū h i v i p p a y u t t o ti vuttaṃ.

VI. 29. Adhimokkha-pañhe d v ī h i d h ā t ū h ī t i mano-dhātu-manoviññāṇadhātūhi, p a ṇ ṇ a r a s a h ī t i sesehi dasahi rūpa-dhātūhi pancahi cakkhu-viññāṇādihi.

VI. 30. Kusala-pañhe kusalehi catunnam pi khandhā-naṃ gahitattā sampayogo paṭikkitto.

VI. 31. Vedanattika[2]-pañhe e k e n a k h a n d h e n ā t i vedanākkhandheneva. P a ṇ ṇ a r a s a h ī t i cakkhu-sota-ghāna-jivhā-viññāṇa-dhātu-manodhātūhi c'eva rūpa-dhātūhi ca ekādasahīti, kāya-viññāṇa-dhātuyā saddhiṃ rūpadhā-tūhi ca yeva.

VI. 35. Neva-vipāka-navipāka-dhamma-dhamma-pañhe p a n c a h ī t i cakkhu-viññāṇādīhi.

VI. 36. Anupādinna-anupādāniya-pañhe ca tīhi mano-viññāṇa-dhātu-vajjāhi.

VI. 37. Savitakka-savicāra-pañhe p a ṇ ṇ a r a s a h ī t i pañcahi viññāṇehi saddhiṃ rūpa-dhātūhi.

VI. 38. Avitakkavicāra-matta-pañhe[3] e k e n a k h a n-d h e n ā t i-ādi saṃkhārakkhandha-vaseneva veditabbaṃ. Dutiyajjhānaṃ vicāraṃ hi ṭhapetvā sesā avitakka-vicāra-mattā nama, pīti ṭhapetvā sesā pītisahagatā. Tattha vicāro vicārena pīti ca pitiyā na sampayuttā ti saṃkhārakkhandha-dhammāyatana-dhamma-dhātusu kehici sampayuttā nāma. S o ḷ a s a h ī t i dhamma-dhātu-manoviññāṇadhātu-vajjā-heva.

---

[1] Gun. pañheti tihi

[2] Gun. Vedanāttika- ; Sd Vedanātthika- (*see* § VI. 40)

[3] *In text* Avitakka-avicāra. Gun. -matte

VI. 39. Avitakka-avicāra-pañhe ekāya dhātuyāti mano-dhātuyā.

VI. 40. Sukha-sahagatā upekkhā-sahagatā ca vedanattike[1] vuttā va, dassanena pahātabbādayo (§ 42) kusala-sadisā va, parittārammaṇam (§ 44) vipāka-dhamma-sadisaṃ,[2] [Tattha ekāya dhātuyā ti dhamma-dhatuyā, kehiciti tattha parittārammaṇā na honti. Te hi dhamma-dhātu parittārammaṇānaṃ channaṃ cittuppādānaṃ vasena catuhi saṃgahītattā paṭhama-patikkhepam eva bhajati].[3]

VI. 45. Mahaggatārammaṇādayo kusala-sadisā va.

VI. 46. Anuppanna-pañhe pancahi dhātūhīti cakkhu-viññāṇādīhi. Tāni hi ekantena uppādi-dhamma-bhūtāneva, uppanna-koṭṭhāsam pi pana bhajanti.

VI. 48. Paccuppannārammaṇādayo parittārammaṇa-sadisā va, hetuādayo (§ 50) samudaya-sadisā va, sahetukā c'eva na ca hētū (§ 52) pīti-sahagata-sadisā, tathā parāmāsa-sampayuttā (§ 61) anupādinna-anuppanna-sadisā va. Sesaṃ sabbattha uttānattham evāti.

Sampayoga-vippayoga-padaṃ niṭṭhitam.

VII.

VII. 1. Idāni sampayuttena vippayutta-padaṃ bhājetuṃ vedanakkhandhenāti-ādi araddaṃ. Tatrīdam lakkhaṇaṃ. Imasmiṃ hi vāre pucchāya uddhaṭa-padena[4] ye dhammā sampayuttā tehi ye dhammā vippayuttā tesaṃ khandhādīhi vippayogaṃ pucchitvā vissajjanaṃ kataṃ.[5] Tam pana rūpakkhandhādisu na yujjati rūpakkhandhena hi sampayuttā nāma natthi. Tasmā tañ ca aññāni ca eva rūpāni padāni imasmin vāre na gahitāni, yāni[6] pana padāni

---

[1] Sd vedanatthike [2] Sd *omits* dhamma

[3] Gun. *omits the words in brackets, but inserts the words* kehicīti . . . te hi *inclusive after* kusala-sadiso va.

[4] Gun. uddhaṭṭha- [5] Gun. kathaṃ [6] Sd tāni

dhamma-dhātuyā sampayutte dhamme viññāṇañ ca aññena asammissaṃ dīpenti tāni idha gahitāni. Tesam idam uddānaṃ.[1]

Cattāro khandhāyatanañ ca ekaṃ
Dve indriyā dhātu-padāni satta
Tayo paṭiccā atha phassa-sattakaṃ
Tike tayo satta mahantare ca
Ekaṃ savitakka-savicāram ekaṃ
Yuttaṃ upekhāya[2] ca ekam evāti

Pariyosāne khandhā caturo ti ādinā pi ayam evattho saṃgahīto. Tattha yāni padāni sadisa-vissajjanāni tāni uppaṭipātiyā pi samodhānetvā tattha vedanakkhandhādikā pañhā katā. Tesu ca evaṃ khandhādi-vibhāgo veditabbo.

VII. 1. Vedanakkhandhādi-pañhe tāva e k e n ā t i manāyatanena, s a t t a h ī t i viññāṇa-dhātuhi, k e h i c ī t i dhammāyatane vedanādīhi.

VII. 2. Viññāṇa-dhātu-pañhe t e d h a m m ā . . . n a k e h i c ī t i te pucchayā uddhaṭa-padaṃ viññāṇa-dhātuṃ ṭhapetva sesā cha viññāṇa-dhātu-dhammā rūpaṃ nibbānañ ca, tehi sabbesaṃ khandhāyatānaṃ saṃgahītattā na kehici khandhehi āyatanehi vā vippayuttā. E k ā y a d h a t u y ā ti yāya pucchāya uddhaṭā hoti tāya tāya.

VII. 4. Upekhindriya-pañhe p a ñ c a h ī t i upekkhāsampayuttā hi cakkhu-viññāṇa-dhātu-ādihi. Iminā nayena sabbattha pucchāya uddhaṭa-paden' eva saddhim vippayuttānaṃ vasena attho veditabbo ti.

Sampayuttena vippayutta-padaṃ niṭṭhitaṃ.

VIII.

Idāni vippayuttena sampayutta-padaṃ bhajetuṃ r ū p a k k h a n d h e n ā t i-ādi āraddhaṃ. Tattha sabbā pi pucchā

---

[1] Gun. idha muddānaṃ [2] Gun. upekhāyaṃ

*

moghapucchā va, rūpakkhandhena hi vippayuttā nāma cattaro khandhā tesam aññehi sampayogo natthi vedanākkhandhena vippayuttaṃ rūpam nibbānañ ca tassa ca kenaci sampayogo va natthi. Evaṃ sabbapadesu vippayuttānaṃ puna sampayogābhāvo veditabbo. Iti pucchāya moghattā sabbavissajjanesu natthi, natthi icceva [1] puccham muccati.[2]

Vippayuttena sampayutta-padaṃ niṭṭhitam.

IX.

IX. 1. Idāni sampayuttena sampayutta-padaṃ bhājetuṃ v e d a n a k k h a n d h e n ā t i-ādi āraddhaṃ. Tattha yaṃ khandhādi-vasena sampayuttaṃ puna tasseva khandhādīhi sampayogaṃ pucchitvā vissajjanaṃ kataṃ. Taṃ rūpena vā rūpa - missakena vā sabba - rūpakkhandha - saṃgāhakehi [3] vā padehi saddhiṃ na yujjati. Rūpena hi rūpamissakena vā aññesaṃ sampayogo natthi, sabba-rūpakkhandha - saṃgāhakehi sabbesaṃ sampayogārahānaṃ khandhādīnaṃ gahitattā aññaṃ yeva natthi, yaṃ tena saha sampayogaṃ gaccheyya. Tasmā tathārūpāni padāni idha na gahitāni, yāni pana padāni rūpena asammissaṃ arūpekadesaṃ dīpenti tāni idha gahitāni. Tesaṃ idam uddānaṃ—

Arūpakkhandhā cattāro manāyatanam eva ca
Viññāṇa-dhātuyo satta dve saccā cuddasindriyaṃ
Paccaye dvādasa-padā tato upari soḷasā
Tike [4] aṭṭha gocchakesu te-cattārīsam eva ca
Mahantara-duke satta padā piṭṭhi-dukesu [5] ca
Navam assa padass'ete niddese saṃgahaṃ gatā ti

Sabba-pañhesu pana ye dhammā pucchāya uddhaṭā te yehi [6] sampayuttā honti tesaṃ vasena khandhādi-bhedo

---

[1] Gun. natthīcceva

[2] Gun. mucchati ; Sd muccanti *and omits* pucchaṃ

[3] Sd. sabba *twice* [4] Sd tikesu [5] Gun. duke saca

[6] Gun. uddaṭṭhā teyhevahi

veditabbo. Vedanākhandhena hi itare tayo khandhā sampayuttā puna tehi vedanākkhandho sampayutto. So tehi saññādīhi tīhi khandhehi ekena manāyatanena sattahi viññāṇa-dhātūhi ekasmiṃ dhammāyatane dhamma-dhātuyā ca kehici saññā-saṃkhāreh'eva sampayuttā. Eseva nayo sabbatthāti.

Sampayuttena sampayutta-padaṃ niṭṭhitaṃ.

X.

X. 1. Idāni vippayuttena vippayutta-padam bhājetum r ū p a k k h a n d h e n ā t ī-ādi āraddhaṃ. Tattha ye sampayoga-vippayoga-pada-niddese rūpakkhandhādayodhammā uddhaṭā sabba-pucchāsu tes'eva uddhaṭā. Sadisa-vissajjanānaṃ pana ekato gahitattā padāni aññāya paṭipāṭiyā āgatāni. Tattha yaṃ padaṃ pucchāya uddhaṭaṃ tam yehi dhammehi vippayuttaṃ tesam vasena khandhādi-vibhāgo veditabbo. Rūpakkhandhena hi vedanādayo vippayuttā tehi ca rupakkhandho vippayutto. Nibbānaṃ pana sukhuma-rūpa-gatikam eva. So rūpakkhandho catuhi khandhehi ekenāyatanena sattahi viññāṇa-dhātūhi dhammāyatana-dhammadhātusu kehici vedānādīhi dhammeh'eva vippayutto. Eseva nayo sabbatthāti.

Vippayuttena vippayutta-padaṃ niṭṭhitaṃ.

XI.

XI. 1. Idāni saṃgahītena sampayutta-vippayutta-padaṃ bhājetuṃ s a m u d a y a s a c c e n ā t i-ādi āraddhaṃ. Tattha ye saṃgahītena saṃgahīta-pada-niddese samudaya-saccādayo va dhammā uddhaṭā. Sabba-pucchāsu te yeva uddhaṭā. Sadisa-vissajjanānaṃ pana ekato gahitatā padāni aññāya paṭipātiyā āgatāni. Tattha ye dhammā pucchāya uddhaṭā padena khandhādi-saṃgahena saṃgahītā tesaṃ yehi sampayogo ca vippayogo ca hoti tesaṃ vasena khandhādi-vibhāgo veditabbo. Tatrāyaṃ nayo. Samudaya-sacce tāva saṃkhārakkhandha-pariyāpannā-dhammā khandhādi-saṃgahena saṃgahītā. Te ca sesehi tīhi khandhehi ekena manāyatanena sattahi viññāṇa-dhātūhi sampayuttā, saṃkhārakkhandehi dhammāyatana-dhammadhātusu ca ṭhapetvā taṇhaṃ sesehi sampayuttattā kehici sampayuttā nāma, ekena pana rūpakkhandhena dasahi rūpāyatanehi rūpadhātūhi ca vippayuttattā, ekasmiṇ dhammāyatane dhammadhātuyā ca, rupānibbānehi vippayuttā kehici vippayuttā. Iminā upāyena sabbattha attho veditabbo ti.

Saṃgahītena [1] sampayutta-vippayutta-padaṃ.

XII.

XII. 1. Idāni sampayuttena saṃgahītāsaṃgahita-padaṃ bhajetuṃ vedhanakkhandhenāti-ādi āraddhaṃ. Tattha ye sampayuttena sampayutta-pada-nīddese vedanakkhandhādayo dhammā uddhaṭā sabba-pucchāsu te yeva uddhaṭā. Tattha ye dhammā pucchāya uddhaṭā padena saddhiṃ sampayuttā, tesaṃ yehi [2] saṃgaho vā asaṃgaho vā ho ti tesaṃ vasena khandhādi-bhedo veditabbo. Tatrāyaṃ nayo. Vedanākkhandho hi [3] saññādīhi sampayutto, te saññadayo tīhi saññādikkhandhehi dvīhi dhammāyatana-manāyatanehi dhammadhātuyā c'eva sattahi ca vinnāṇa-dhātuhīti aṭṭhahi dhātūhi saṃgahītā, sesāhi khandhāyatanadhātūhi asaṃgahītā. Iminā upayena sabbattha attho veditabbo ti.

Sampayuttena saṃgahītāsamgahita-padaṃ niṭṭhitaṃ.

XIII.

XIII. 1. Idāni asaṃgahītena sampayutta-vippayutta-

---

[1] Gun. saṃgahitā-saṃgahitena

[2] Gun. ye vahi

[3] Gun. yehi

padaṃ bhājetuṁ r ū p a k k h a n d h e n ā t i-ā d i āraddhaṃ. Tattha ye pañcame va asaṃgahītena asaṃgahīta-pada-niddese rūpakkhandhena sadisa-pañhā dhammā ye ca arūpabhavena sadisā te yeva uddhaṭā sesā pana na rūhantīti na uddhaṭā. Vedanakkhandhena hi khandhādi-vasena pana rūpārupa - dhammā asaṃgahītā honti. Tesañ ca sampayogo nāma natthi, tasmā yāni padāni rūhanti tān'eva sadisa-vissajjanehi saddhiṃ samodhānetvā uddhaṭāni. Tattha ye dhammā pucchāya uddhaṭā [1] dhammehi khandhādi-vasena asaṃgahītā te yehi sampayuttā ca vippayuttā ca tesam vasena khandhādi-vibhāgo veditabbo. Tatrāyaṃ nayo. Rūpakkhandhena tāva viññāṇam eva tīhi pi saṃgahehi asaṃgahītaṃ, taṃ vedanādīhi tīhi khandhehi dhammāyatana-dhammadhātusu ca vedanādīh'eva sampayuttaṁ, ekena rūpakkhandhena dasahi rūpāyatana - rūpadhātūhi dhammāyatana-dhammadhātusu ca rūpa-nibbāna-dhammehi ca vippayuttam. Taṃ sandhāya te dhammā t ī h i k h a n d h e h ī t i-ādi vuttaṃ. Iminā nayena sabbattha attho veditabbo ti.

Asaṃgahītena sampayutta-vippayutta-padaṃ niṭṭhitaṃ.

XIV.

XIV. 1. Idāni vippayuttena saṃgahītāsaṃgahīta-padaṃ bhājetuṃ r ū p a k k h a n d h ē n ā t i-ādi āraddhaṃ. Tattha yesaṃ padānaṃ vippayogo na rūhati tāni imasmiṇ vārena gahitāni. Kāni pana tānīti dhammāyatanādīni. Dhammāyatanassa hi khandhādisu ekēnāpi vippayogo na rūhati. Dhamma-dhātu-ādisu pi eseva nayo. Tesam idam uddānaṃ.

Dhammāyatanaṃ dhamma-dhātu jīvitindriyam eva ca
Nāmarūpa-padañ c'eva saḷāyatanam eva ca
Jāti-ādittayaṃ ekaṃ padaṃ vīsatime tike
Tikāvasānikaṃ ekaṃ satta cūḷantare padā
Das'eva goccake honti mahantaramhi cuddasa
Cha padāni tato uddhaṃ sabbāni pi samāsato
Padāni ca na labhanti cattālīsañ ca [2] satta cāti

---

[1] Sd ye pucchaya uddhata (*sic*) na

[2] Sd cattāri pañca

Pariyosāne ca dhammāyatanaṃ dhammadhātū ti gāthā pi imam ev'atthaṃ[1] dīpetuṃ vuttā. Imāni pana ṭhapetvā sesāni sabbāni pi labbhanti, tesu khandhādivibhāgo vuttanayānusāven'eva veditabbo ti.

Vippayuttena saṃgahitāsaṃgahita-padaṃ niṭṭhitam.

Ettavatā ca
Dhātuppabhedhakusalo yaṃ Dhātukathaṃ Tathāgato āha
Tassāyaṃ naya-mukha-bhedappakāsanaṃ niṭṭhitaṃ hoti.
Iminā naya-mukha-bhedappakāsanena hi vibhāvinā sakkā
Ñātuṃ sabbe pi nayā sankhepakathā va iti-vuttā.
Ekekassa pana sace padassa vitthāram eva bhāveyya
Vacanañ ca ativiya bahuṃ bhaveyya attho ca aviseso
Iti ūna-bhāṇavāra dvayāya yaṃ tan ti yā mayā etaṃ
Karuṇāpattaṃ puññaṃ sukhāya taṃ hotu lokassāti.

DHATUKATHĀPAKARAṆAṬṬHAKATHĀ
NIṬṬHITĀ.

---

[1] Gun. gāthāpi idha me vattaṃ

CPSIA information can be obtained
at www.ICGtesting.com
Printed in the USA
LVHW081301290519
619441LV00017B/454/P

9 781120 875129